Controla tu
Estrés

Juan Antonio Guerrero Cañongo

Controla tu
Estrés

Ediciones Corona Borealis

Controla tu Estrés - Juan Antonio Guerrero Cañongo

© 2013, Juan Antonio Guerrero Cañongo
© 2013, Ediciones Corona Borealis
Pasaje Esperanto, 1
29007 - Málaga
Tel. 951 088 874
www.coronaborealis.es
www.edicionescoronaborealis.blogspot.com

Diseño editorial: HF Designers
Ilustración de portada: HF Designers
© alphaspirit - Fotolia.com

Primera edición: Febrero de 2013

ISBN: 978-84-15465-19-5
Depósito Legal: MA 113-2013

Distribuidores: http://www.coronaborealis.es/?url=librerias.php

Todos los derechos reservados. No está permitida la reimpresión de parte alguna de este libro, ni tampoco su reproducción, ni utilización, en cualquier forma o por cualquier medio, bien sea eléctrónico, mecánico, químico de otro tipo, tanto conocido como los que puedan inventarse, incluyendo el fotocopiado o grabación, ni se permite su almacenamiento en un sistema de información y recuperación, sin el permiso anticipado y por escrito del editor.

Printed in Spain - Impreso en España

Índice

Prólogo 11
Introducción 15

La ansiedad, el temor y la angustia evitan que seas feliz 21

Modifica tus procesos cerebrales 33
- Así trabaja tu cerebro 34
- Cerebro *triuno* 43
- Neurotransmisores 46
- Ritmo cerebral 49
- Un cerebro, dos hemisferios 52

La comunicación contigo mismo y con los demás 65
- Controla lo que ves 73
- Controla lo que escuchas 82
- Controla lo que sientes, hueles y degustas 84
- Movimientos oculares para controlar lo que ves, escuchas, sientes, hueles y degustas 88
- Controla tu pasado, presente y futuro 99

Alimentación y música para controlar tu ansiedad, temor o angustias 103
- Naturismo 105
- Los alimentos que curan y enferman 109
- Neuronutrientes 110

- Alimentos que curan ... 116
- Alimentos que enferman ... 118
- Musicoterapia ... 118

Utiliza la autohipnosis para controlar la ansiedad, el temor y la angustia ... 127
- ¿Cómo autohipnotizarte? ... 128
- Ejemplos de la inducciones autohipnóticas ... 133
- El uso de la autohipnosis en el sueño ... 148
- La autohipnosis y el uso de las metáforas ... 151

Manejo específico de fobias ... 155
- Agorafobia o miedo a los espacios públicos ... 158
- Claustrofobia o mido a los espacios cerrados ... 160
- Acrofobia o miedo a las alturas ... 161
- Aracnofobia o miedo a las arañas ... 162
- Fobia social o trastorno de ansiedad social ... 164
- Amaxofobia o miedo a conducir un vehículo ... 167

Breve despedida desde el aquí y el ahora ... 169

Referencias bibliográficas ... 177

Instrucciones para utilizar el CD incluido en este libro ... 181

*Todo comportamiento tiene un propósito,
la mayoría de las veces, inconsciente.*

Juan Antonio Guerrero Cañongo

Prólogo

En la década de 1920, un científico alemán llamado Hans Berger descubrió las ondas cerebrales y su relación con diferentes estados de conciencia. Descubrió que el cerebro emite tenues impulsos eléctricos que pueden ser medidos en microvoltios mediante un electroencefalograma o EEG (aparato que amplifica los impulsos y traza los ritmos cerebrales). Existen cuatro ondas cerebrales principales, medidas según la frecuencia o la velocidad del impulso y la amplitud o el voltaje de éste, asociadas con una determinada actividad cerebral. Se trata de las siguientes:

- Ondas *betha*. Originan un campo electromagnético con una frecuencia comprendida entre trece y treinta hercios (Hz, vibraciones por segundo). Se registran cuando la persona se encuentra despierta y en plena actividad mental. Los sentidos se hallan volcados hacia el exterior, de manera que la irritación, inquietud y temores repentinos pueden acompañar este estado.
- Ondas alfa. Tienen una frecuencia de entre ocho y doce Hz y están asociadas con estados de relajación. Se registran especialmente en momentos antes de dormirse. Sus efectos característicos son: relajación agradable, pensamientos tranquilos y despreocupados, optimismo y un sentimiento de integración de cuerpo y mente.
- Ondas *theta*. Con una frecuencia de entre cuatro y siete hercios. Se producen durante el sueño (o en meditación profunda, entrenamiento autógeno, yoga...), mientras actúan las forma-

ciones del subconsciente. Las características de este estado son: memoria plástica, mayor capacidad de aprendizaje, fantasía, imaginación e inspiración creativa.
- Ondas delta. Con una frecuencia de entre uno y tres hercios. Surgen principalmente en el sueño profundo, y muy raras veces se pueden experimentar estando despierto. Sus estados psíquicos correspondientes son el dormir sin sueños, el trance y la hipnosis profunda. Las ondas delta resultan de gran importancia en los procesos curativos y en el fortalecimiento del sistema inmunitario.

Todo lo anterior nos proporciona un "mapa" del ritmo del cerebro, y si conocemos cómo estimularlo podemos alcanzar estados adecuados y solucionar los distintos problemas que nos agobian. Por ejemplo, en el caso de los trastornos de atención (TDA, trastorno por déficit de atención) las ondas beta están muy estimuladas; por lo que al utilizar frecuencias que estimulen las ondas *theta*, se puede equilibrar el ritmo cerebral sin sustancias químicas externas, ni efectos secundarios. El cerebro se estimula cuando recibe ciertas frecuencias de ondas, sincronizándose con éstas, efecto que se conoce como FFR *(Frecuency Following Response,* respuesta de seguimiento a una frecuencia). La neuroinducción es una técnica de estimulación a partir de los ritmos del cerebro, cuya función es la de adecuar el ritmo cerebral para lograr el cambio; de modo que las técnicas utilizadas inducen al cerebro a estados adecuados. El término y la técnica de la neuroinducción fueron concebidos por Juan Antonio Guerrero Cañongo, quien continúa investigando sobre ella.

Los patrones de ritmo y su inducción son utilizados por muchas culturas desde hace miles de años, pero no de forma científica. Incluso, se tienen datos de logros impresionantes al alterar la conciencia con ritmos determinados, por ejemplo, los "caminantes sobre el fuego" de diversas partes del mundo, entre ellas, la India.

Si miles de hombres pueden caminar sobre el fuego alterando sus frecuencias, la restauración de la salud debe ser –y es– algo sencillo. Los monjes del Tibet, desde hace miles de años, alteran constantemente las funciones de los órganos del cuerpo, mediante las frecuencias adecuadas.

Las funciones de nuestro cuerpo son rítmicas, por ello es necesario utilizar los ritmos adecuados para aprender a lograr la salud. Éstos son captados por nuestro ser desde la concepción, ya que el bebé tiene contacto con un mundo rítmico: el latido cardiaco, los ruidos intestinales y las múltiples sensaciones y estados (la madre, al caminar, dormir, hablar, etc. provoca vibraciones).

Estimular y equilibrar el ritmo cerebral debe ser el objetivo de todos los profesionales de la salud, y el aprendizaje; con ello se evitaría miles de horas de tratamientos farmacológicos, además de proporcionarle un mejor estilo de vida al paciente. La neuroinducción tiene muchas ventajas, entre ellas: sincronización de los hemisferios cerebrales, estimulación cerebral sin métodos intrusitos (no se colocan electrodos, no se inyecta al paciente, no se le administra droga alguna); utiliza elementos de la musicoterapia que multiplican los beneficios; y no tiene efectos secundarios. Además, es auxiliar de muchos padecimientos y problemas: dolor crónico, déficit de atención asociado o no con hiperactividad, hipertensión, diabetes, secuela de embolias, *alzheimer*, *parkinson*, depresión, ansiedad, insomnio, estrés, osteoporosis, entre otros. Además de estimular y potenciar el aprendizaje, la memoria y el lenguaje.

Para más información puedes visitar mis páginas: *www.solooportunidades.com* y *www.neuronaactiva.com*.

La mejor manera para estar en contacto es inscribiéndote en nuestro boletín. Es gratuito y lo puedes hacer desde *www.neuroinduccion.com*. La editorial Panorama (*www.panoramaed.com.mx*) ha publicado mi último libro, *Los mejores secretos para ganar dinero en Internet*. En él aprenderás a ganar dinero en la red de forma fácil y rápida. Puedes adquirirlo en cualquier librería del país o en nuestra página *www.canongo.com*. ¿Sabías que la infidelidad es una práctica cada vez más común? ¿Sabías que miles de personas tienen una pareja a través de Internet aunque no la conozcan? ¿Sabías que millones de personas mantienen "sexo" por la red? Si quieres saber más de este fenómeno, participa en nuestro *blog* del libro cibersexualidad, *www.cibersexualidad. blogspot.com.*

Introducción

*La buena vida es un proceso y no un estado del ser.
Es una dirección, no un destino.*
Carl Rogers

Inicié mis investigaciones para estimular la salud mental en mis pacientes de una manera rápida y eficaz en 1999. El uso de sonidos específicos para estimular el cerebro y los cantos de delfines y ballenas fueron los primeros utilizados para la mejora del paciente, pero hacía falta más, me repetía constantemente que tenía que existir algo más rápido y eficiente para mejorar la actividad cerebral.

Entonces mis esfuerzos se centraron en la alimentación adecuada, que según diversas investigaciones, mejoraba la producción de los neurotransmisores, además de optimizar la calidad de la sangre, obteniéndose resultados extraordinarios. Conocer sobre alimentos específicos fue una herramienta útil para el tratamiento de los pacientes, ya que así superaban muchas de sus limitaciones en menor tiempo. Mi búsqueda por encontrar más elementos para la salud mental seguía su marcha.

Los ejercicios específicos para estimular los hemisferios fueron integrados en mi práctica psicológica a principios del 2001, en ese momento ya poseía tres técnicas para estimular el cerebro y mejorar la calidad de vida del paciente: la sonoterapia, la alimentación adecuada y los ejercicios para los hemisferios. Pero faltaba algo más.

En el 2002 un ingeniero en mecánica se acercó a mí. Él había escuchado de mis logros con el uso de sonidos terapéuticos, por lo que me solicitó asesoría, ya que deseaba construir una máquina que emulara los cantos de los delfines para aprovechar sus beneficios curativos. Después de conocer su propuesta y ayudarlo, le solicité que me enseñara lo referente a las frecuencias del sonido. Esta solicitud de mi parte surgió ya que en aquel entonces estaba investigando sobre Alfred Tomatis y los efectos benéficos del *biofeedback*, por lo que deseaba generar frecuencias específicas que estimularan el ritmo cerebral, sin medicamentos ni métodos invasivos. Él hizo lo suyo construyéndome aparatos de sonido que crearan frecuencias específicas para estimular el rimo cerebral. Entonces, comencé a asistir a estudios de grabación para aprender más sobre la creación de frecuencias sonoras. Después de múltiples investigaciones y el empleo de ellas en animales de laboratorio, estaba listo para utilizarlas en mis pacientes. En el 2004 atendí los primeros casos con este tipo de sonidos con gran éxito.

Entonces, ya tenía otra herramienta más que, unida a las otras, estimulaba adecuadamente el cerebro de la persona, ayudándola a vencer temores, ansiedad, angustia, migraña, depresión, adicciones, agresividad, problemas de memoria y demás trastornos de la conducta, emociones; y ayudándola en el aprendizaje.

A este conjunto de técnicas de sanación mental –y también física–, decidí llamarla neuroinducción. Con este método de estimulación mental se induce al cerebro a mejorar su actividad química y eléctrica para ayudar a los hemisferios y ondas cerebrales a trabajar correctamente. La neuroinducción utiliza la naturoterapia, los ejercicios para estimular los hemisferios, las estrategias mentales, la autohipnosis, la programación neurolingüística (PNL), los principios de musicoterapia y sonidos específicos que inducen la adecuada actividad de las ondas cerebrales (alfa, beta, *theta* y delta). La neuroinducción busca utilizar los recursos inconscientes de la mente para acelerar y mejorar los procesos conscientes.

Inducir al cerebro para trabajar adecuadamente debería ser la meta de todo profesional de la salud y debe estar al alcance de todas las personas, para así adquirir cientos de recursos mentales que les acerquen al éxito. Por eso, en este libro aprenderás sobre ejercicios de neuroinducción y cómo aplicarlos para controlar la ansiedad, el temor y la angustia; y decenas de técnicas simples y efectivas, utilizando la gran mayoría de tus recursos mentales. El contenido en este libro te ayudará si tienes:
- Algún problema de ansiedad, diagnosticado por un profesional u observado por tí mismo.
- Resistencia a comenzar algo nuevo por temor.
- Problemas para realizar algunas tareas por miedo al "qué dirán".
- Algún tipo de fobia.
- Dificultad para realizar una actividad por tener inseguridad o exagerado nerviosismo.
- Temor para hacer nuevas amistades o relacionarse con las personas que conoces.
- Una excesiva timidez hacia el sexo opuesto.
- Temor por el futuro.
- Un bajo concepto de ti mismo.

Este escrito te proveerá de variados ejercicios que te recomiendo realizar a diario, para superar tus temores, controlar la ansiedad y vencer la angustia. El objetivo de ellos es fabricar nuevos caminos neuronales y lograr el cambio permanente en tu vida, no solo combatir los síntomas. Compáralo con cualquier tipo de entrenamiento: cuando vas al gimnasio combinas diversas rutinas y utilizas distintos aparatos para mejorar tu condición física. Esto es muy similar, pero para aumentar tu resistencia mental y modificar algunos malos hábitos. Elabora tu propio plan de trabajo basado en los ejercicios, para controlar tu ansiedad, temores o angustia. Así alcanzarás las metas que desees. Este libro te ofrece bastantes ejercicios, los cuales te darán el poder absoluto sobre tu mente, ya que la mayoría de los problemas que sufres son debido a que tú elegiste vivir así. Cambiar es muy sencillo y, aunque te podría parecer imposible, no lo es. Por eso, te pido que realices todas y cada una de las instrucciones recomendadas. No dudes de su eficacia, ya bastante has titubeado y, por eso, no has alcanzado tu entera felicidad. Cuando no comprende la realidad, el cerebro crea emociones que se pueden controlar; así podrás intervenir en tu "realidad". Generar miedo o angustia supone el mismo trabajo que tener el control sobre ellos, en ambos se crean caminos neuronales y se estimulan los hemisferios cerebrales, por eso es muy sencillo tener una vida repleta de recursos, con más seguridad en ti mismo y libre de ansiedad.

Evito el lenguaje técnico, ya que éste no serviría de mucho para lograr el cambio en tu vida, pues cuando vamos a visitar a un médico o un psicólogo queremos que nos ayude a recuperar nuestra salud, y no a escucharlo hablar utilizando la jerga profesional. Tú, como paciente, quieres resultados y los alcanzas comprendiendo qué hacer, antes de cómo hablar correctamente. Por eso, encontrarás formulas prácticas para vencer tus miedos, controlar la angustia y disminuir tu ansiedad, leerás casos reales para ejemplificar lo escrito y descubrirás nuevos elementos para agregarlos a tu vida y redescubrirte.

Por desgracia, nuestro estilo de vida ha cambiado radicalmente desde hace varias décadas, abandonando la alimentación natural y los métodos alternativos, consumiendo solo sustancias químicas para curarnos, olvidando los recursos mentales y naturópatas. Este libro aborda la problemática de la ansiedad, la angustia y el control del miedo de una manera holística, y contemplando detalles que podrían parecer insignificantes, pero que tienen un gran poder para transformar tu estilo de vida.

Primero conocerás el proceso de la ansiedad, el temor y la angustia, en el capítulo correspondiente, incluyo varias historias con las que tal vez te sentirás identificado. Después conocerás el funcionamiento de tu cerebro, ya que si no comprendes cómo trabaja, nunca podrás dejar de provocarte problemas. Leíste bien, escribí *provocarte problemas*, pues eso es lo que haces. Nadie te dice que te sientas agitado o tengas miedo, eres tú el que lo provoca, mejor dicho, son tus procesos cerebrales los que lo hacen, por eso me interesa de sobremanera que comprendas cuál es el mecanismo neurológico que utilizas para llegar a ese estado. Específicamente aprenderás sobre los hemisferios, los neurotransmisores y las frecuencias cerebrales para que los entrenes, eso busca la neuroinducción: estimular esos tres componentes de tu cerebro para que modifiques tus estados neurológicos y controles la mayoría de padecimientos psicológicos, entre ellos la ansiedad.

En el capítulo siguiente, conocerás cómo utilizar tus modalidades de comunicación para ingresar información adecuada y controlar tus recursos mentales. Te convertirás en el director de tu propia película, el actor de tu obra de teatro y el intérprete de tu vida.

En capítulos sucesivos aprenderás sobre las terapias alternativas, entre ellas la musicoterapia, naturopatía y los hábitos alimenticios. Esto es importante, como dijo Platón: "Mente sana en cuerpo sano". La alimentación tiene mucho que ver con la salud mental, el consumo de ciertos componentes la empeora y otros la mejoran. También aprenderás sobre la autohipnosis y cómo utilizarla para tu beneficio. En el apartado correspondiente incluyo muchos ejercicios hipnóticos que te darán el control sobre tu vida.

En el penúltimo capítulo abordo algunas fobias específicas, explicando lo más relevante de ellas, también incluyo recomendaciones que te serán útiles para controlarlas. Ese espacio te indicará soluciones rápidas para temores comunes. Para terminar, en el último apartado, hago una breve reflexión del texto, a modo de conclusión.

Desearía conocer tus resultados al utilizar las técnicas descritas en este libro, así pues todos los correos electrónicos serán bienvenidos a mi cuenta de correo electrónico *antonio@canongo.com*. También puedes dejar tus comentarios en la página web *www.neuroinduccion.com*. Gracias por permitirme ser el inductor que te acerque las técnicas apropiadas para aumentar tu actividad cerebral.

Juan Antonio Guerrero Cañongo
Septiembre, 2008

La Ansiedad, el Temor y la Angustia evitan que seas Feliz

Como la araña enredada en su propia telaraña, así el hombre está asediado por sus ansias.
El Dhammapada[1]

En este libro encontrarás soluciones para tres problemas que se asemejan en sus síntomas: la angustia, el temor y la ansiedad. La angustia aparece como reacción ante un peligro desconocido –en algunos casos, conocido–, sus síntomas son: intenso malestar psicológico y alteraciones en el organismo, entre ellas, elevación del ritmo cardiaco, temblores, sudoración excesiva y sensación de opresión en el pecho o de falta de aire. Muchos investigadores afirman que la angustia es una ansiedad extrema, pánico o miedo irracional. Ese miedo irracional hace su aparición por distintas causas, entre ellas:
- Situaciones previas que pusieron en riesgo la seguridad física del individuo.
- Situaciones que involucraron emociones impactantes, como violación, asalto, secuestro, abuso sexual a un menor, atentados o desastres naturales.
- Pérdida del empleo, propiedad, algún familiar o amigo.
- Problemas de infidelidad con la pareja.
- Estrés constante.

Como puedes darte cuenta, siempre habrá una experiencia previa que genera la angustia, tengo pacientes que solo por ver

---

1- Una de las mejores obras de la literatura budista. Se utiliza, por su estilo pedagógico y literario, para enseñar acerca de los misterios de vida y ofrecer soluciones a quien las escucha.

y escuchar en la televisión noticias sobre secuestros o accidentes aéreos, generan los malestares propios de la enfermedad. Son cientos los casos de personas que evitan salir de su casa para no sufrir un accidente, sufriendo las consecuencias de ello, falta de dinero, poca estima y la ruptura con su pareja.

Los ejercicios que propongo en este libro, liberarán de esas ataduras a quienes las sufran, también harán lo suyo para el temor. Este padecimiento (sinónimo de miedo, para muchos autores), es una perturbación del ánimo, por lo regular aparece cuando te das cuenta que algo o alguien te puede hacer daño.

La ansiedad es un trastorno cada vez más diagnosticado por los psicólogos o psiquiatras, con leves o graves consecuencias en la vida del paciente y de las personas que lo rodean. La ansiedad puede incluir episodios de temor y angustia. Aunque podríamos determinar ciertos niveles de ansiedad, todos afectan la vida de la persona y de la sociedad en general, desde el temor por no tener dinero suficiente para las necesidades básicas, hasta la agorafobia. Pero la buena noticia es que todos ellos pueden ser controlados cuando sabes cómo, este libro está enfocado a eso.

Antes de abordar el tema de tus recursos mentales y cómo utilizarlos, debes saber qué es la ansiedad y sus consecuencias. Constantemente recibo correos electrónicos solicitando ayuda, este es de Amelia[2], quien me dice lo siguiente:

Me diagnosticaron ansiedad hace como cuatro años y medio. Hace un año entré a terapia con un psiquiatra y me diagnosticó depresión con ansiedad. La ansiedad se manifiesta con dificultades para respirar, palpitaciones y hormigueo en la sien y las manos, a la par de una desesperación muy grande, desde hace un año estoy medicada para la ansiedad con Rivotril, y los síntomas casi desaparecen. Sé que tengo ansiedad porque siento problemas

---

2- Los nombres de pacientes que se colocan en todo el texto no corresponden a los verdaderos, para proteger su privacidad.

para respirar y las palpitaciones, la depresión la noto por los periodos en los que no tengo ganas de hacer nada.

Estoy muy decaída, ya no quise tomar medicamentos para la depresión, tenia ataques de pánico, pero desaparecieron hace mucho tiempo en terapia. En la alimentación tengo problemas, ya que tengo miedo a subir de peso, así que me "malpaso". Me están dando un complemento alimenticio que mandan de Suiza, así que mi alimentación ha mejorado.

En este mensaje se lee con claridad los síntomas de la ansiedad: dificultades para respirar, palpitaciones y hormigueo en la sien y en las manos, a la par de una desesperación muy grande, los cuales "casi" desaparecen con el medicamento señalado por su psiquiatra, pero esa sustancia solo controla los síntomas, lo que realmente origina la ansiedad sigue ahí. Sin el tratamiento adecuado, muy probablemente Amelia, vivirá muchos años consumiendo medicamentos. A su ansiedad se le ha agregado su angustia por vivir dependiendo de alguna medicina, por ello evitó las sustancias que su psiquiatra le recomendó para "controlar" la depresión.

Este caso es muy común, lo preocupante es que los médicos o psiquiatras se conforman solo con recomendar medicamentos que controlen los síntomas, olvidándose del problema de fondo —aunque Amelia relata que ha ido a terapia, no le ha funcionado, solamente desaparecen los ataques de pánico.

Al no tener el control sobre sus impulsos, ella comía con exceso o evitaba comer por el miedo a subir de peso, por eso es importante conocer la alimentación que ayuda a una persona a eliminar naturalmente la ansiedad. Estos serán los recursos ideales para su cura definitiva, más que "un complemento alimenticio que mandan de Suiza".

En el apartado correspondiente explicaré más sobre los neuronutrientes necesarios y los alimentos recomendados para evitar la ansiedad, mientras, transcribo otro caso, de Rita, quien dice:

Deseo eliminar mi compulsión por comer. Tengo treinta y cinco años, mi problema es que siempre he comido compulsivamente. Pero, a raíz de mi embarazo, subí veinte kilos y después de cuatro años no los he podido bajar, aunque disminuyo la ingesta de alimentos y mi ansiedad es mayor por las noches.

La ansiedad también se hace notar en desordenes alimenticios, como nos dice Rita: "Mi problema es que siempre he comido compulsivamente" –refiriendo que su ansiedad es mayor por las noches. Ese momento es importante, ya que es cuando su cerebro trae al presente la experiencia que "dispara" su ansia. Ese es uno de los problemas de las personas con ansiedad: han asociado un lugar, hora, sonido o sensación con una experiencia desagradable, por lo que su mente y cuerpo tratan de evitarlo.

Además de los mecanismos de la saciedad, también los procesos cognitivos se ven afectados con la ansiedad, como lo dice Carmen, en un correo electrónico que me escribió hace algún tiempo:

Estoy muy preocupada por mi estado actual. Mi memoria se ha deteriorado notablemente. No recuerdo donde pongo los objetos cotidianos, lo que leí en libros o escritos. Pero recuerdo detalles irrelevantes como rostros e imágenes que me rodean durante el día. Para mí ha sido imposible terminar una carrera universitaria. No puedo concentrarme. Me deprimo o estoy exageradamente ansiosa, a veces experimento ataques de pánico. Me centro en ideas que rigen absolutamente mi existencia, ideas fijas como comprar algo o hacer algo. Manejo, diría, rituales para realizar todas mis actividades, vestirme o bañarme aunque las abandono cuando me siento bien. Es lo que más me preocupa ahora, que estoy próxima a empezar una carrera universitaria. Siempre me he considerado inteligente, aprendí a leer y escribir a muy temprana edad, nunca tuve problemas de aprendizaje, siempre estuve delante de los que conocía, fui buena lectora, ahora no puedo recordar lo que leo, no puedo centrar mi atención por largo tiempo. Tengo la sensación de querer expresar la noción de una idea pero no logro convertirla en lenguaje. Amigos míos me citan en bibliografía y no recuerdo haber escrito tal cosa, siento que desperdicio mi tiempo y mi intelecto porque no me sirve de nada entender, o conocer sobre diferentes temas; sé que voy a olvidarlo. He tomado Buspirona, pero siento que no funciona pues, aunque de cierta manera elimina la ansiedad que me impide acceder a la información que he recogido, no soluciona el problema de fondo, además me pone lenta, me produce somnolencia y no puedo realizar normalmente mis actividades.

Carmen reconoce que el medicamento no soluciona el problema, aunque desconoce específicamente cuál es. Tomaré algunos pasajes de este texto más adelante, explicando detalles que se pueden observar, y que fueron clave para el entrenamiento cerebral que le recomendé.

Otro caso es el de Julio, quien menciona ser muy tímido, lo cual es un problema que afecta a muchas personas en la actualidad:

Mi problema es que sudo mucho, he sentido que ha sido por nervios, desde una exposición a ir a lugares nuevos, me ocurre cuando no hace calor, incluso me ha ocurrido cuando está haciendo frío, y realmente me preocupa, yo no sé qué hacer y no he encontrado la solución a este problema. Además, bueno, no está bien decir que es mi naturaleza, pero soy muy tímido. Tengo problemas para socializar fácilmente con las demás personas, siempre me imagino que no me harán caso, que no estaré a la altura de su conversación. No sé, es algo muy estresante el saber que no tendré su atención.

Cuando conversé con Julio, me dijo que antes de ir a alguna reunión se pasaba mucho tiempo imaginándose cómo iniciar una conversación, pero siempre aparecía su miedo mientras lo hacía, por lo que cuando salía de su casa ya estaba sudando demasiado, y al llegar a un evento social evitaba saludar con un apretón de manos por esa razón. Esto provocaba que los demás le rehuyeran, pues suponían que si evitaba saludarlos no deseaba el contacto, por lo que lo apartaban del grupo.

Tal vez los anteriores casos te parezcan familiares y estarás en lo correcto. Son cientos de formas en las que la ansiedad aparece, pero tienen factores en común, entre ellas: la anticipación de un suceso y la repetición de una idea.

Me gusta mucho caminar y procuro hacerlo a diario. En uno de mis recorridos, había una calle en particular que me hacía aflorar algunos síntomas de angustia, pero no podía definir claramente el por qué. Después de mucho reflexionar, encontré una explicación. Sucede que, una vez, un perro de la raza *rottweiler* había intentado morder a mi hijo menor. Posteriormente, en una casa de la calle donde realizaba mi caminata, en una ocasión, vi un animal de ese tipo. Aunque nunca lo había vuelto a ver, mi mente había relacionado ese lugar con mi instinto de evitación del peligro, por ello tenía esa congoja cuando me acercaba ahí. Si has visto a estos animales enojados intentando atacar a un humano, comprenderás mi angustia. Como puedes darte cuenta, la ansiedad todos la experimentamos, en mayor o menor medida, solo que para muchos se vuelve una sensación que incapacita y, para otros, una que previene sobre un posible peligro.

Pero, ¿qué es la ansiedad? La ansiedad puede ser definida como una sensación de inquietud o miedo ante un probable riesgo, el cual puede ser real o imaginario, sus síntomas son fácilmente identificables: nerviosismo, aumento de la sudoración, opresión en el pecho, dificultad para respirar, hiperventilación, mareos, temblores, miedo excesivo, etc. Específicamente, las manifestaciones o síntomas de la ansiedad se pueden clasificar en diferentes grupos para su mejor comprensión:

- Físicos. Taquicardia, palpitaciones, opresión en el pecho, falta de aire, temblores, sudoración, molestias digestivas, náuseas, vómitos, "nudos" en el estómago, alteraciones de la alimentación, tensión y rigidez muscular, cansancio, hormigueo, sensación de mareo e inestabilidad, alteraciones del sueño, la alimentación y la respuesta sexual.
- Psicológicos. Inquietud, agobio, sensación de amenaza o peligro, ganas de huir o atacar, inseguridad, sensación de vacío, sensación de extrañeza o despersonalización, temor a perder el control, recelo, sospechas, incertidumbre, dificultad para tomar decisiones, temor a la muerte o a la locura, bloqueos, torpeza o dificultad para actuar, impulsividad, inquietud motora, dificultad para estarse quieto y en reposo.
- Intelectuales o cognitivos. Problemas en la atención, concentración y memoria, descuidos, preocupación excesiva, expectativas negativas, incremento de la sensación de confusión, tendencia a recordar las cosas desagradables y susceptibilidad.
- Sociales. Ensimismamiento, dificultades para iniciar o seguir una conversación, verborrea, "bloquearse" o "quedarse en blanco" a la hora de preguntar o responder, dificultades para expresar las propias opiniones o hacer valer los propios derechos y temor excesivo a posibles conflictos.

Esta emoción es originada en el cerebro para que evites experiencias pasadas que no son agradables, por lo que entendiendo cómo trabaja tu cerebro y el proceso que realiza para elaborar esa inquietud, podrás controlar la ansiedad en tu vida diaria.

Recientemente una paciente me consultó. Su marido le había sido infiel hacía un año, aunque aparentemente lo perdonó, ahora ella se despertaba todos los días con una sensación de opresión en el pecho, pero no encontraba el por qué. Le dije que realmente no lo perdonó, y eso que sentía era la rabia acumulada, la cual aún no había salido de su cuerpo. Se puso a llorar y me dijo que era verdad, y sentir a su esposo en su cama a diario solo le recordaba lo pasado, y de alguna manera esperaba que él se fuera en cualquier momento para "dejarla en paz", sin la zozobra de esperar de nuevo un engaño.

Esto es algo que también experimentan las personas con ansiedad, sensaciones diferentes que les oprimen, aumento de temperatura o disminución de ella. Estos síntomas difieren en cada persona, de acuerdo a cómo perciben el mundo y reciben información de él. En las líneas próximas explicaré con detenimiento lo ahora expuesto.

También el ejercicio del sueño se altera cuando tienes ansiedad. Esta enfermedad está relacionada con la mayoría de las parasomnias, como las pesadillas, el sonambulismo, los terrores nocturnos, el bruxismo (conocido coloquialmente como rechinar los dientes) y la somniloquia (emisión de voz mientras duermes, comúnmente señalada como hablar dormido). Esto se debe, en la mayoría de los casos, a la liberación de deseos agresivos reprimidos durante la vigilia.

El sueño es una herramienta de la que se vale tu inconsciente para tratar de eliminar la angustia, ya que él deja salir algunas de las represiones propias del consciente y preconsciente, intentando liberar la presión de tu vigilia. Es como si dejaras escapar el aire de un neumático, al final quedará desinflado, listo para volver a llenarlo otra vez, y así iniciar tu camino con nuevas herramientas. Pero el sueño no servirá para eliminar la ansiedad, solo la disipa un poco, por lo que debes buscar una solución para detenerla, en el apartado de autohipnosis aprenderás a valerte de tu sueño para adquirir nuevas herramientas con las que le harás frente a la ansiedad.

El uso del lenguaje es muy importante para controlar diversos padecimientos, por eso algo que debes hacer a partir de hoy es dejar de hablar sobre tu ansiedad, o mantener un dialogo interno recordándote que la tienes. Ya has hablado mucho de ella, cada vez que lo haces te lastimas más y más. Te sientes impotente y te sumes aún más en estados depresivos. El error que cometen la mayoría de personas es seguir recordando lo malo que fue su pasado, me llegan continuamente mujeres que fueron abandonadas hace dos años o más, y aún lloran la partida de su pareja. El problema no termina con las lamentaciones, ya que ellas literalmente se obligan a no iniciar otra relación amorosa, o se generan angustia cuando ven a una pareja cercana a ellas. Se aferran a un recuerdo, el cual no dejan ir. Recuerdan una y otra vez a la persona, los ratos mágicos, los infelices y los sueños juntos, pero haciendo eso no se dan cuenta de la realidad: su pareja ya no está con ellas. ¿Qué objeto tiene recordar el pasado? ¿Qué finalidad tiene hablar de tu ansiedad con otra persona? Si crees que el que te escucha te resolverá el problema lo dudo, salvo que sea un profesional mental, y tenga conocimientos sólidos sobre su ocupación. Ten en cuenta que el otro solo se enfadará al escuchar tantas lamentaciones, e incluso habrá personas malintencionadas que utilicen lo que les dices para controlarte de una u otra forma. Ya no te aferres a tener una enfermedad, deja ir el pasado, evita tenerlo entre tus manos, verlo o seguirlo escuchando. Deja tus soliloquios, evita hablar con otro de tu situación actual, solo hará que tu cerebro repita una y otra vez lo que deseas eliminar. Siempre le digo a mis pacientes que solo les sucedió una vez algo, pero en su mente lo repiten tantas veces que les pasa a todas horas, en cualquier momento. Una ocasión llegó una joven a quien le había sido infiel su novio. Ella había visto cómo besaba a la otra chica, y a partir de ese día, decidió no verlo más. Aunque ya no tenía contacto con él, seguía recordando lo sucedido, más de diez veces al día. Por supuesto, no podía eliminar eso que observó. Lo había visto una vez, pero en su mente lo veía más de setenta veces a la semana. Su cerebro creía firmemente que todos los hombres eran iguales, ya que más de doscientas ochenta imágenes desfilaban por su mente al mes. Se lo repitió tanto, que no tuvo más opción que creérselo.

Si sigues repitiéndote lo injusta que ha sido la vida contigo, tu temor a realizar cualquier actividad o la impotencia para lograr algo, solo traerás más angustia a tu vida, porque estarás construyendo miles de caminos neuronales para ello y no desarrollarás uniones neuronales para encontrar soluciones. También deja de intentar apoyarte en las demás personas, debes encontrar la solución a todos tus problemas solo. Es cierto que somos animales sociales, como dijo el filósofo Lucio Anneo Séneca, pero ello no significa que dependamos siempre de otros; la angustia la experimentas tú, no los otros.

Recientemente, estaba haciendo fila en el cajero automático de una institución bancaria, y vi a una niña de unos cinco años acercarse a su mamá que estaba también esperando para hacer una operación. Eran muchas personas las que esperaban delante de ella, y se notaba desesperada, la pequeña se sonreía nerviosamente mientras su progenitora le decía que se fuera de ahí y se reuniera con su abuela, quien estaba sentada en un banco. La preescolar no obedecía y solo intentaba abrazarla, mientras sonreía, la mamá optó por gritarle que la obedeciera, a lo que ya no pudo no hacer caso. Reflexioné sobre lo ocurrido y llegué a la conclusión de que todos buscamos constantemente la aceptación. Ese es un grave problema, ya que los demás tal vez no nos ofrezcan la que necesitamos, por una u otra razón.

Al desear ser aceptados, olvidamos nuestra esencia y nos convertimos en lo que el otro espera de nosotros. Cuando no somos aprobados –o lo percibimos así– generamos ansiedad, como un mecanismo hacia el rechazo del otro. Vivimos pendientes de lo que opinan de nosotros, como si los demás decidieran cuándo facilitarnos la identidad que nos hace falta. Carlos Castaneda decía: "El hombre corriente está enganchado a sus semejantes, mientras que el guerrero solo está enganchado al infinito". Si esperas que los demás te acepten, solo limitarás tu experiencia y generarás temor o ansiedad, mientras que si decides tomar el control de tu existencia, lograrás ensanchar tu visión, alcanzando una vida repleta de recursos. Esa búsqueda de aceptación comienza desde que somos niños, pero la puedes modificar cuando lo desees. Realiza este ejercicio para comenzar a vencer esa necesidad de aceptación. Estos son los pasos:

1- Siéntate cómodamente.
2- Cierra los ojos e imagina que tu padre está frente a ti.
3- Date cuenta de la ropa que usa, su mirada, sus expresiones, lo que dice, etc.
4- Pregúntale qué cosas aceptó de ti y cuáles rechazó. Pídele que te diga el porqué. Escucha lo que tiene que decirte, no interrumpas su diálogo.
5- Ahora, en tu imaginación, transfórmate en tu padre. Siendo él, dile al hijo, que está frente a ti, qué cosas no le dijiste cuando era niño. Deja que le diga todo lo que quedó pendiente.
6- Vuelve a ser tú mismo. Dile a tu padre todo lo que le has querido decir y que nunca le has dicho. Nada debe quedar por decir.
7- ¿Cómo te sientes con este ejercicio? ¿Qué has aprendido?

Este ejercicio te ayudará a comenzar a darte cuenta de que eres diferente a los demás, por tanto ellos pueden aceptar o rechazar algunas cosas de ti. Eso es muy lógico, puesto que tú haces tus cosas y los otros las suyas, como reza la oración Gestalt[3]:

3- Escuela psicológica fundada por Fritz Perls.

> *Yo hago mis cosas y usted las suyas.*
> *Yo no estoy en este mundo para vivir*
> *de acuerdo a sus expectativas,*
> *y usted no está en este mundo*
> *para vivir conforme a las mías.*
> *Usted es usted, y yo soy yo.*
> *Y si, por casualidad, nos encontramos,*
> *será hermoso, si no,*
> *no lo podremos remediar.*

Tú haces lo tuyo y yo lo mío, ya que somos diferentes. Tal vez alguna vez coincidamos con nuestras ideas y aceptemos nuestras diferencias, habilidades o defectos, pero si no pasa eso, nada podemos hacer, solo ser felices, cada uno disfrutando nuestra propia existencia.

Modifica tus Procesos Cerebrales

Los arqueros disparan flechas, los artesanos tallan la madera
y el hombre sabio se moldea a sí mismo.
El Dhammapada

En mi familia se narra una anécdota muy jocosa. Sucede que cuando tenía unos trece años, le pedí a mi padre que me diera permiso para subirme a su motocicleta y darle una vuelta a la manzana, él accedió. Pocos minutos transcurrieron antes de estrellarme con ella estrepitosamente contra una pared. Después de brindarme el auxilio básico, mi progenitor se acercó y me preguntó, obviamente bastante molesto: "¿Acaso no sabías conducir la motocicleta? A lo que contesté de inmediato: "No, nunca me has enseñado".

Resulta que había visto cómo él se subía a ella, cómo la encendía y cambiaba las velocidades, pero nunca me había subido a una. Yo suponía que su funcionamiento era muy similar al de una bicicleta, y lo era, solo que tenía mucha más velocidad.

Esto es muy semejante a lo que pasa con la mayoría de las personas, tengan o no ansiedad, angustia o temor, no saben cómo trabaja su cerebro y les será difícil disfrutar de la vida. Si tú también lo desconoces, debes aprender al menos el funcionamiento mínimo, si no nunca podrás manejarlo y, así como yo estrellé la motocicleta, tú te estarás golpeando constantemente, por no tener el control de tus procesos mentales. Tal vez seas como yo a los trece años, que creí que viendo a otro cómo conducía una motocicleta yo podría hacerlo. Son cientos las personas que se quejan por no ser felices como Juan o María. Ellos solo han visto que controlan su vida, pero nunca les han preguntado cómo lo hacen.

Esa es una razón por la que debes conocer el funcionamiento del cerebro, sus procesos y cómo obtener los mejores resultados con ello. Esta parte del entrenamiento, te indicará los pasos a seguir para controlar tu mente, y no sigas golpeándote como hasta ahora.

Posiblemente cuando eras niño te tropezaste alguna vez con un objeto que estaba frente a ti, después de enojarte con él decidiste darle la vuelta, pero tu madre te dijo "quítalo antes de que otro se golpee con él". Aunque en esa ocasión te molestaste por esa orden –tú estabas furioso porque te dolía la pierna y tu mamá te estaba dando instrucciones, en lugar de consolarte– tu progenitora tenía la razón, si algo te ha hecho daño, debes cambiarlo de lugar, nunca darle la vuelta.

Por eso, moverás muchas creencias, imágenes, sonidos y sensaciones del lugar que ocupan en tu cerebro, ya que hasta ahora no te han servido de nada, solo para que te golpees con ellos, y cada vez puede doler más.

Así trabaja tu cerebro

Antes de explicarte lo más básico de tu neurofisiología, debes saber cómo se introduce información hacia tu computadora biológica. Básicamente existen cuatro llaves para que puedas acceder al cerebro. Estas son:
- El cerebro explora el mundo mediante los sentidos. Toda la información que tienes ha sido resultado de ello, existen modalidades de comunicación basadas en el uso de los sentidos, más adelante profundizaré en ellas.
- El cerebro ingresa los datos por asociación. ¿Cuántas veces has visto a una persona que se detiene frente a una floriste-

ría y podrías apostar que va a comprar flores? ¿Y cuántas veces no las compró, solo estaba viendo su reflejo en el vidrio de la tienda? Eso muestra que tu cerebro asocia, suma elementos y crea un supuesto.
- El cerebro aprende por imitación. ¿Has visto a un niño cuando se inicia en el lenguaje verbal? Repite todas las palabras que escucha, ya que su cerebro imita lo que oye, no se detiene a pensar: "¿Es útil?" –solo lo repite.
- El cerebro procesa información solo cuando estás relajado. Por eso, si te angustias produces más angustia, ya que tu cerebro no reflexiona y no trabajará adecuadamente.

Todo lo que has aprendido es resultado de lo que te proveyeron los sentidos. Aquello que viste, escuchaste, tocaste, oliste y degustaste te dieron las bases para tener los conceptos que ahora tienes, pero ¿qué ocurre si ingresaste información incorrecta? Es lo más obvio. En algún momento creíste que tal imagen, sonido, textura, olor o sabor eran peligrosos para ti, por eso tu cerebro los asoció, y ahora es lógico que experimentes ansiedad o angustia. Al hacer eso, solo evitas experiencias que podrían aportarte bastante información útil. ¿O cuántas veces has escuchado lo difícil que es la vida? Entonces te angustias por cada día que pasa, crees que no existen empleos o posibilidad alguna para ganar dinero. Alguien te lo dijo, y tú lo creíste sin siquiera preguntarte si es verdad o no. Esa es la mejor muestra de que tu cerebro aprende por imitación.

En su libro *Walden Dos*, Burrus Frederick Skinner narra que un rebaño de ovejas se mantenía unido caminando en grupo compacto y comiendo la pastura. Cuando una persona cuestionó el porqué, le explicaron que los padres de esos animales fueron condicionados para nunca separarse. Sucede que les habían colocado una malla eléctrica alrededor y si intentaban escapar de la uniformidad, eran castigadas con electricidad. Ahora, sus hijos habían crecido con ese miedo a separarse. Aunque no habían recibido tal castigo, lo habían aprendido por imitación. Muchas veces tenemos experiencias muy semejantes a las del grupo de ovejas descrito. Alguien sufrió algo y suponemos que nosotros podemos padecerlo, por eso evitamos muchas experiencias.

Conozco mujeres que crecieron creyendo que los hombres eran malos, que no debían confiar en ellos y que nunca demostrarían sentimiento alguno. Así como varones que han supuesto lo mismo de ellas. Alguien se lo mencionó y solo lo aceptaron, sin cuestionar si era verdad o no. En pocas palabras, su cerebro imitó un modo de ver a la otra persona. Lo que sabes hasta ahora es el resultado de lo que otros te han enseñado ¿Te has preguntado si lo que te enseñaron fue lo correcto o si esas personas estuvieron equivocadas? Si lo has hecho, ahora tienes múltiples recursos, si no, es tiempo de que te lo cuestiones. El niño aprende imitando y no tiene miedo de hacerlo. El problema es que cuando crecemos seguimos imitando, pero adquirimos un gran temor al ridículo, y con ello miedo de seguir aprendiendo porque evitamos que los demás se "rían de nosotros". Tu cerebro necesita que estés relajado y libre de estrés para ingresar información. Si te angustias no aprenderás ni reflexionarás, generando más temores o ansiedad.

Es importante que tengas en cuenta que el cerebro siempre buscará estar ocupado. Por eso, si no tienes nada que hacer comenzará a concentrarse en sus imágenes, sonidos y sensaciones de temor y angustia. Entonces, la instrucción es simple: debes mantener ocupado tu cerebro en otras cosas. Lee un libro, participa en un juego de mesa, escucha música con volumen alto, canta y baila; en fin, haz cosas para no caer en el aburrimiento y generar más ansiedad. Si alguna vez escuchaste a alguien decir que la ociosidad es la madre de todos los vicios, a eso se refería.

Atendí a un paciente hace algunos años, tomaba altas dosis de medicamento ansiolítico y su psiquiatra ya no quería atenderlo, argumentando que no podía darle más medicina. Después de unas sesiones, la angustia de mi cliente menguó, entonces se le eliminaron los químicos. Le dije que retomara su trabajo como vendedor ambulante, que había abandonado a causa de su enfermedad, pero él no quería hacerlo. Aunque le expliqué que su condición empeoraría si tenía suficiente tiempo libre sin hacer nada, no me hizo caso. Al mes de la última consulta regresó conmigo, alegando que estaba tomando otra vez el medicamento, pero en dosis más pequeñas. Me preguntó qué le recomendaba para dejar de tomarlo. Le mencioné lo mismo: "Debes trabajar". Queriendo o no, retomó su trabajo. Al mes acudió a mi consultorio, solo para darme las gracias por esa recomendación. Ahora ya no tenía tiempo para "ponerse ansioso".

Recuerda esta sencilla regla: si tu cerebro no encuentra qué hacer, entonces buscará qué hacer, incluyendo la creación de temores y angustias. No olvides administrar tu tiempo, para así tener el control de lo que haces, si no también generarás ansiedad, como fue el caso de Beatriz, quien me comentó en un correo electrónico:

Me estreso por todo, pienso las cosas que tengo que hacer al otro día en el trabajo y, por eso, en ocasiones no duermo mis ocho horas y solo duermo como cuatro horas o menos; dependiendo de si voy al trabajo o no, ya que me tengo que levantar más temprano. Y si es fin de semana, pues sí me quedo un par de horas más en la cama. Por consiguiente, sufro mucho de colitis y gastritis.

En lugar de reconocer sus prioridades, ella optaba por elaborar una película poco agradable de su futuro día, le recomendé algo muy lógico: organizar su jornada y no suponer lo que pasaría. Si eres como ella, no te angusties por lo que vendrá, mejor decide qué harás cuando suceda, conozco personas que se preocupan porque en el futuro no tendrán dinero para su jubilación, pero no hacen nada para conseguirlo, prefieren ver, escuchar y vivir una película mental muy dolorosa, antes que buscar alternativas. Por eso debes darle algo qué hacer a tu cerebro, busca soluciones, no te enfrasques en los problemas. Beatriz se preocupaba demasiado, cuando debería organizar su día desde la tarde anterior. Espero que no seas como ella, que desarrolló enfermedades por su aprensión, ya que no dejaba marchar a los problemas, prefería darles vueltas y vueltas pero no afrentarlos. ¿Alguna vez rehusabas para ir a una fiesta de una persona con la cual no congeniabas? ¿Por qué lo hacías? Simple, te faltaba un motivo –o varios– para hacerlo. Beatriz ya no tenía motivación para ir al trabajo, entonces prefería realizar una rabieta mental, recordando en todo momento la desdicha que le tocó vivir y lo difícil que era un día de trabajo para ella.

Sobre ello debes reflexionar, si tienes angustia o ansiedad antes de ir a algún lugar, podrías preguntarte: "¿Por qué?". Verás que encuentras varios argumentos. Entre ellos afloraría esa falta de metas, que a todos aqueja. ¿Sabes hacia donde te diriges? ¿Tienes un plan de vida? El estado del mundo nos obliga a buscar cómo ganar dinero, descuidando aspectos tan importantes como el establecer un objetivo o encontrar el sentido de nuestra existencia. Si sigues olvidando dirigir tu vida hacia algo estimulante para ti, siempre experimentarás angustia, ansiedad, temores e incluso depresión.

Tal vez hayas escuchado el refrán popular que reza: "Si te gusta lo que haces, el dinero vendrá por añadidura". La buena noticia es que esas no son solo palabras de motivación, ya que si haces las cosas con agrado y no por obligación, estimularás tu sistema límbico, con lo que evitarás la angustia, la ansiedad y el temor, entonces serás feliz. El escritor ruso Máximo Gorki dijo: "Cuando el trabajo es un placer, la vida es bella. Pero cuando nos es impuesto, la vida es una esclavitud". Tú decides cómo deseas vivir. La falta de metas es como un barco sin rumbo en el inmenso océano, por eso es sumamente importante trazar una ruta de vida. Macario, otro paciente, me relató su problema, que tiene mucha similitud al anterior:

Tengo el problema de dejar todo lo que empiezo para después, cualquier cosa, desde algo insignificante hasta cosas importantes, rara vez termino algo al cien por cien. Esto ya me está acarreando problemas con mi esposa porque tengo varias cosas sin terminar en mi casa, pero también en el aspecto personal me siento impotente porque sé que estoy mal pero no he podido salir adelante. He comprado artículos para hacer ejercicio, ya que tengo sobrepeso. Los utilizo dos o tres días y después me desmotivo rápidamente y los dejo tirados, además en mi trabajo nos dan gimnasio gratis y no me siento interesado. Tengo una carrera truncada de Ingeniero Electromecánico, que deje faltándome solo tres materias por terminar (y las prácticas profesionales). Simplemente, un día me desmotive, dejé de estudiar y no aprobé los exámenes. Por otro lado, siento que soy una persona que tiene mucha suerte y siempre encuentro a alguien que me ayuda. Me siento inteligente y creativo pero mi desidia y mi desinterés me ha hecho perder muchas oportunidades de todo tipo, desde mejoras o superación personal hasta cuestiones de negocio. Por ejemplo, llevo como un año planeando iniciar un negocio de venta de peces (un acuario). Tengo bastantes conocimientos y experiencia en el tema. Mi padre me ha prestado un lugar para el local. Tengo dos amigos biólogos que están en el negocio y tienen disposición de ayudarme. Además tengo un buen capital para empezar. Pero de nuevo la desidia me ha hecho ir postergando todo. Me siento motivado con esto de los peces ya que es algo que me gusta mucho, pero cuando llega el momento de entrar en acción me da "flojera", me desmotivo y me siento muy inseguro. Económicamente no tengo problemas ya que tengo muy buen sueldo en mi trabajo actual, y mi esposa también. Tengo también libros de superación, pero también los dejo a medias. Mis padres han sido muy sobreprotectores conmigo, en mi vida me acostumbré a no convivir con las personas, porque por la sobreprotección rara vez me dejaban tener amigos o incluso salir con mis primos, por lo tanto, hoy en día no tengo amigos y mi convivencia se reduce al núcleo familiar más cercano.

¿Cuál crees que sea el problema de Macario? El más visible es la falta de motivación, pero esto se desprende de uno mayor: la falta de metas. Habla de montar un negocio, pero de igual forma que el caso anterior, solo se sienta a ver su película mental, sin dar los pasos necesarios para hacer algo. Está como espectador, esperando que algo lo motive, sin esforzarse un ápice para lograrlo. Disfruta tanto de esa función, donde tiene "todo bajo control", que prefiere no arriesgarse. Él, en algún momento de su vida, asoció el esfuerzo con el sufrimiento (recuerda que una de las llaves del cerebro es esa). Por eso ahora no puede terminar lo que empieza y una película en su mente le ofrece más seguridad.

¿Cuántas personas conoces que se la pasan "soñando" despiertas? Tal vez sea porque evitan la angustia. Todas las personas necesitamos un punto de partida y uno de llegada. Éste último es la meta que te debes proponer. Es como si tu vida fuera una carrera, en la cual tienes una línea final que cruzar. Ese es tu objetivo, por el cual te has preparado mucho tiempo. En tu vida actual: ¿cuál es tu meta?, ¿cuáles, tus objetivos?, ¿cuáles son tus estrategias para lograr cumplir tu meta y tus objetivos? ¿No tienes clara tu meta o no te la has propuesto? Entonces, no te quejes de tener miedo y angustia por el futuro, porque nunca lo vislumbrarás con claridad, siempre será confuso para ti.

Esto es algo que debes hacer para evitar la ansiedad: elaborar tus metas. Así, no te preocuparás "por lo que te depara el destino" y pondrás manos a la obra en la mejor construcción que puedas conocer: tu futuro. No vivas angustiándote por lo que pasará mañana, mejor elabora tus metas, objetivos y estrategias para lograrlo. Ya lo dijo Alex Kay: "La única manera de predecir el futuro es inventándolo". No solo inventes tu mañana, reinvéntate todos los días.

También, es importante tener en cuenta que muchas veces la persona con ansiedad tiende a buscar la perfección en todo lo que hace, por tanto supone que lo que realiza no está a la altura de sus expectativas, generando angustia por el futuro. Tienes dos opciones: aceptarte como eres y ser feliz o buscar la perfección y angustiarte por no alcanzarla. Por ejemplo, cuando una persona desea aprender otro idioma, supone que deberá aprenderlo a la perfección, como si hubiera nacido en un lugar donde lo utilizan a diario, pero no lo logrará, ya que tiene otras costumbres y otra preparación fonética, aunque lo pronunciara de manera semejante, siempre habrá diferencias. Eso no es malo, ya que el objetivo es que se comunique con otros, pero la persona, en su búsqueda de la perfección, se angustia por no poder lograr pronunciarlo correctamente o expresarse con él. Es el caso de José, quien me escribió lo siguiente:

Deseo mejorar en el manejo y aprendizaje del inglés, ya que tengo un nivel intermedio y me doy a entender cuando lo hablo. Sin embargo, creo que cuando trato de hablar en inglés lo pienso en español, es decir no pienso en ingles. Además, se me presenta un problema fuerte de nerviosismo cuando trato de hablar, y eso mismo me provoca olvido de vocabulario. Por lo que quisiera evitar ponerme nervioso cuando lo hablo y evitar que la inseguridad me afecte en el momento de hablarlo. Quisiera, si me equivoco, que no me importe, y continuar hablando sin pararme ni ponerme nervioso. También quisiera incrementar mi comprensión auditiva al escuchar a alguien hablar inglés.

Él debe darse cuenta de que cualquier error que cometiera al expresarse no es un obstáculo para la comunicación, pues puede repetir lo que ha dicho las veces que sean necesarias, pero supone que debe hablarlo a la perfección, ya que la otra persona podría reírse de él. Por eso, me fascina ver a los niños de menos de siete años aprender un idioma, conversan con otros que lo dominan sin problema alguno, ya que no tienen aún el concepto de la perfección. Al parecer, cuando nuestro superego se desarrolla, trae consigo el intento de perfección en todo lo que hacemos. Por eso, debemos darnos cuenta de nuestros límites, si no siempre estaremos buscando ser perfectos, creando cada vez más ansiedad, temores o angustia. Los límites nos ayudan a mejorar, no a buscar la perfección. Así, al darnos cuenta de ellos, buscaríamos cómo sobrevivir en este mundo, no cómo ser una especie de superhombres sin ningún problema o debilidad.

La búsqueda de la perfección es impuesta por nuestros padres y nuestra sociedad, cuando manifiestan lo que esperan de nosotros sin preguntarnos si nosotros lo deseamos. En Internet, se puede leer en una bitácora un comentario sobre ello:

Pareciera que lo perfecto es preferir ser heterosexual, como si la homosexualidad o bisexualidad fuera la peor de las imperfecciones, una indefinición o una amorfia. Pero, para quienes piensan así, les tengo una mala noticia, no es una amorfia, ni una indefinición, sino simplemente una condición del ser. Tan perfecta o imperfecta como las demás. En la expresión sexual constantemente nos preocupamos por tener el sexo perfecto, un miembro perfecto, "tener" al hombre y/o a la mujer perfectos. Renunciemos a la perfección..., aceptemos que somos... Usemos nuestro potencial para disfrutar..., no para sufrir.

Al conocer tus límites te aceptas sin condición, buscando mejorar, nunca ser perfecto. Es decir, debemos buscar la perfección sabiendo que nunca la encontraremos, este proverbio árabe lo ejemplifica muy bien: "Quien se empeña en pegarle una pedrada a la luna no lo conseguirá, pero terminará sabiendo manejar la honda". Nunca serás perfecto, pero aprenderás a controlar tu vida para tu bienestar, mientras buscas la perfección. Muchos de los padecimientos actuales, además de la ansiedad, son consecuencia de la obsesión por ser perfecto, entre ellos dos de la alimentación: la bulimia y la anorexia. ¿A quién se le ocurrió la idea de presentar cuerpos extremadamente delgados en la televisión? No sé. Lo cierto es que para prevenir estos trastornos alimenticios lo mejor que puedes hacer es apagar la televisión. A propósito, ese medio de comunicación trae más perjuicios que ventajas, podría apostar que mucha de la angustia que experimentas es resultado de ver la televisión, ya lo dijo el Doctor Richard Restak en su libro *Nuestro nuevo cerebro*: "Las imágenes impresionan, a veces, al cerebro tan vivamente, que retornan con independencia de la voluntad del sujeto, para cobrarse un tributo psíquico que puede ir desde la ansiedad hasta el estrés postraumático". Tu cerebro sigue reproduciendo esas imágenes aún mucho tiempo después de que las percibiste, además de seguir escuchando y sintiendo lo experimentado. Con ello, se forma un circuito de insensibilidad, que puede conducir a elaborar complejos mecanismos de negación de la realidad, como las fobias o la carencia de emociones. Entonces, la solución es, y seguirá siendo, apagar la televisión.

Cerebro *triuno*

Nuestro sistema nervioso central alberga tres cerebros en una sola estructura, como resultado de la evolución humana, por eso, el doctor Paul Maclean en 1973 acuñó el término de cerebro *triuno*. El primer cerebro con funciones muy básicas se le llama reptil, el cual emerge directamente de la médula espinal e incluye al tallo cerebral y al cerebelo. Es responsable de las respuestas instintivas y está orientado a la supervivencia.

Le sigue el límbico, formado por la amígdala, el hipocampo, el hipotálamo (responsable de la temperatura, la sed y el hambre), la hipófisis, el tálamo (quien recibe los mensajes de los sentidos, prepara al organismo para reaccionar si percibe dolor, presión en la piel, etc.), la parte superior del proceso reticular y el núcleo caudado. Este cerebro provee de sentimientos de alegría o tristeza, energía o motivación. También, es responsable de los lazos sociales, las hormonas, los sentimientos sexuales, las emociones y la memoria contextual. El último es la neocorteza, más conocido como corteza cerebral, quien controla los dos hemisferios. Es responsable de resolver problemas, de la adquisición y utilización del lenguaje, de la visualización creativa, la lectura, la composición y la traducción.

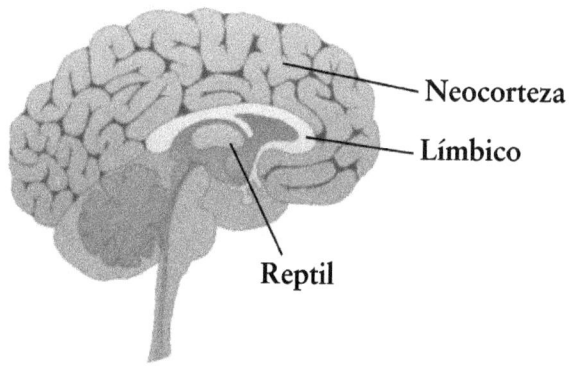

El sistema límbico aporta uno de los mecanismos responsables de que tengas ansiedad, ya que convierte los impulsos instintivos en pensamientos muy elaborados. Por eso, tu cuerpo reacciona ante un peligro imaginario, debido a que creaste en tu mente toda una historia de lo que podría pasar. Por lo que tu sistema límbico envía señales a tu corteza cerebral, indicándole frenar los procesos lógicos y creativos, para dar todos los recursos a tu cerebro reptil, quien te ayudará a sobrevivir de esa amenaza.

Específicamente, es la amígdala (que es parte de ese sistema límbico), situada por delante del hipocampo, la que produce una respuesta adaptativa para protegernos de los daños reales o potenciales que nos amenazan. En la amígdala se encuentran los neurotransmisores dopamina, el ácido glutámico, la colecistoquinina y el ácido gama-aminobutírico (GABA), cuyos bajos niveles o alteraciones se relacionan con la ansiedad. Más adelante ampliaré la información sobre éstos y propondré ejercicios que equilibran el sistema límbico.

En la neocorteza, como te mencionaba anteriormente, se encuentra el control de los hemisferios. Éstos se dividen en cuatro lóbulos: el frontal, parietal, temporal y occipital. Éstos están situados debajo de los huesos que llevan el mismo nombre. Así, el lóbulo frontal descansa en las profundidades del hueso frontal, el lóbulo parietal bajo el hueso parietal, el lóbulo temporal bajo el hueso temporal y el lóbulo occipital debajo de la región correspondiente a la protuberancia del occipital.

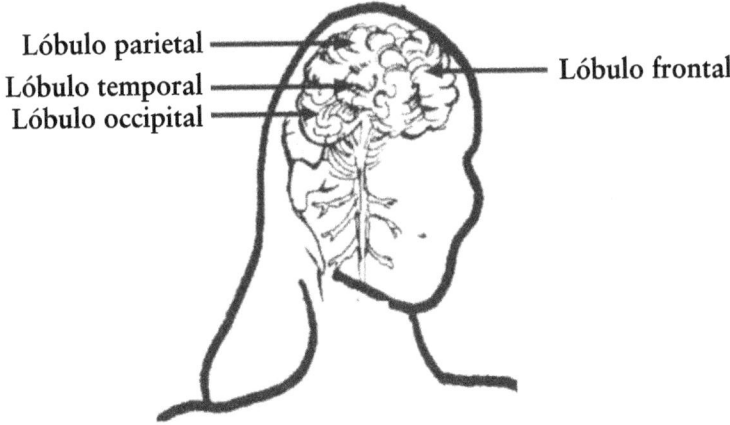

La correcta actividad de la corteza prefrontal medial es muy importante para no presentar algún tipo de ansiedad, ya que esta área está vinculada con el control del miedo y el de la atención. Por eso, es importante evitar durante el embarazo las hemorragias y el consumo de alcohol y drogas, porque afectarán la circulación sanguínea de la placenta, con lo que podría haber daño en esa zona cerebral. También, las complicaciones del parto, como la asfixia perinatal, tienen una relación con los problemas en la actividad de la corteza prefrontal en el individuo. Así como las experiencias traumáticas de la infancia: inestabilidad familiar, abusos y carencia de la madre. Los estudios han demostrado que muchos niños de orfanatos tienen problemas en esa parte del cerebro.

Neurotransmisores

Un neurotransmisor es una sustancia producida por las neuronas, capaz de alterar el funcionamiento de otra célula nerviosa de manera breve o definitivamente, mediante receptores específicos y por la activación de mecanismos iónicos o metabólicos. Los neurotransmisores sirven a la neurona para desencadenar fenómenos que abren o cierran conductos en la membrana postsináptica, excitando o inhibiendo la actividad neuronal. Se localizan distribuidas en el sistema nervioso, por lo que en el cuerpo humano encontramos diversos tipos. Los relacionados con la ansiedad, temor o angustia son:
- Noradrenalina. Facilita la memoria emocional, la alerta, la memoria a corto plazo y de la vigilia. Si hace falta en el cerebro, produce un déficit de atención, memorización, depresión, descenso de la libido y elimina la sensación de placer.
- Serotonina. Responsable de la calma, la relajación, la alegría y el buen humor. Cuando falta produce hiperactividad, agresividad, fluctuaciones de humor, impulsividad, irritabilidad, insomnio, ansiedad, angustia y depresión.
- Dopamina. Encargado de la memoria a largo plazo, del impulso y de la motivación. Si falta se observa en el sujeto: depresión, hipoactividad, desmotivación, indecisión, melancolía, falta de interés por la vida y falta de libido.
- Adrenalina. Responsable de la acción y la alerta.

La estimulación sensorial, consistente en ejercitar todos los sentidos del ser humano y aprender mediante ellos, ha demostrado ser un extraordinario recurso para incitar la actividad neuronal, incluida la de los neurotransmisores. Por ello, es necesario que tengas estímulos visuales, auditivos, táctiles, olfativos y gustativos en todo momento, y así descartar cualquier anormalidad neuronal y mejorar la actividad del sistema nervioso. El cerebro necesita de los sentidos para formar recuerdos y pensamientos, ya que a partir de ellos ordena un complejo rompecabezas, útil para hacerle frente a las experiencias diversas que enfrenta a diario. Un cerebro que carece de la información provista por los sentidos, generará diversos problemas provocados por los inadecuados caminos neuronales, incluida la violencia, temor o angustia. El ritmo de vida actual nos obliga a estimular en exceso muchos neurotransmisores. El ruido de autos, aviones, helicópteros, motocicletas, herramientas de construcción y gritos, son algunos responsables de ello.

Cuando tienes angustia o temor, tu cuerpo liberará las sustancias necesarias para hacer frente al supuesto peligro, estimulando músculos y órganos para la lucha. Uno de los neurotransmisores responsables de tal acción, es la adrenalina. La adrenalina ensancha los vasos sanguíneos que riegan los músculos, aportando grandes cantidades de oxígeno y más sustancias proveedoras de energía, preparando al cuerpo para enfrentar un acto agresivo o defensivo. Con la secreción de adrenalina, el rostro cambia de coloración. Se genera más sudor, las pupilas se agrandan y el cerebro deja sus procesos intelectuales para incitar al cuerpo a luchar. Pero lo anterior, también deja al cuerpo agotado y en un estado de tensión. Imagínate si todos los días reaccionas a los estímulos externos con la tensión y la violencia característica de este "modo de vida" actual. Si vas en el vehículo y constantemente le gritas al que va delante de ti, discutes con tus seres queridos y vives con temor o ansiedad, lo más probable es que estés indicando a tu cuerpo que segregue adrenalina la mayor parte del tiempo, con lo que te sentirás cansado o apático. Es por eso muy importante que evites esos estados de conflicto, y aprendas a relajar tus músculos y tu mente, nutriéndote adecuadamente y observando los principios básicos para una vida más sana, con esto lograrás tener el control sobre tu vida.

Los síntomas de la ansiedad, temor o angustia aparecen con mayor frecuencia en las grandes ciudades, debido al incremento de ruido y actividad estresante. La persona que vive en una comunidad rural, al tener una vida más apacible, experimenta la relajación mucho más tiempo. En muchas ocasiones, la opción para evitar la angustia, ansiedad o temor sería vivir en el medio rural. Pero por la actividad laboral o escolar no será posible para muchos, por ello en este libro encontrarás variados ejercicios para hacer frente a los problemas, en el lugar donde te encuentres actualmente.

El alcohol disminuye la liberación de serotonina, por lo que la violencia se incrementa hacia otros o hacia si mismo, esa sería una explicación del porqué se cometen tantos delitos o suicidios cuando una persona se encuentra bajo el efecto del alcohol. Si falta la serotonina en el sistema nervioso y existe una elevada producción de noradrenalina, lo más seguro es que la persona que lo experimenta se vuelva extremadamente agresiva hacia los demás; y si la noradrenalina y la serotonina tienen un nivel bajo, se agredirá a sí misma. Por eso, es importante que la serotonina se encuentre en un nivel adecuado, ya que su falta provoca los síntomas de la ansiedad, temores o angustia, con la finalidad de preparar al cuerpo a hacer frente a una amenaza del exterior. También, el exceso causa problemas porque el humano no tendrá respuesta alguna ante un peligro real.

Si tuvieras una baja serotonina, los alimentos altos en carbohidratos serán los indicados para elevarla a un nivel normal, entre ellos, puedes consumir palomitas de maíz, pan y pasta. Además de preferir los que aumentan el nivel de triptófano en la sangre, como el salmón, la crema de cacahuate, las papas y los chícharos. Debido a esa necesidad de carbohidratos, cuando te sientes triste prefieres productos dulces como los caramelos y la goma de mascar. Si necesitas triptófano, aumentará tu deseo por el chocolate, que lo contiene. Consumir los alimentos adecuados para elevar, disminuir o equilibrar los neurotransmisores marca una clara diferencia en el cuerpo humano. En estudios a mujeres con síndrome premenstrual y depresión, se vio que su estado de ánimo mejoró después de consumir alimentos ricos en carbohidratos y con pocas proteínas. Una opción ideal para la falta de serotonina que presentan las mujeres con ese padecimiento.

Ritmo cerebral

El cerebro emite señales electromagnéticas que se denominan frecuencias u ondas cerebrales. Estas son cuatro –o cinco, según muchos autores, que aseguran que *gamma* es una de ellas– y pueden ser medidas por un electroencefalograma o por un mapeo cerebral.

Estas frecuencias fueron descubiertas en la década de 1920 por un científico alemán llamado Hans Berger. Este investigador descubrió que el cerebro emite tenues impulsos eléctricos que pueden ser medidos en microvoltios mediante un electroencefalograma (EEG). Estas ondas tienen relación con los diferentes estados de conciencia del ser humano. Las cuatro ondas cerebrales principales, medidas según la frecuencia (la velocidad del impulso, la amplitud o el voltaje), asociadas con una determinada actividad cerebral son:

- Ondas beta. Originan un campo electromagnético con una frecuencia comprendida entre trece y treinta hercios (vibraciones por segundo). Se registran cuando la persona se encuentra despierta y en plena actividad mental. Los sentidos se hallan volcados hacia el exterior, por lo que la irritación, inquietud y temores repentinos pueden acompañar a este estado.
- Ondas alfa. Tienen una frecuencia de ocho a doce hercios (Hz) y están asociadas con estados de relajación. Se registran especialmente momentos antes de dormirse. Sus efec-

tos característicos son: relajación agradable, pensamientos tranquilos y despreocupados, optimismo y un sentimiento de integración de cuerpo y mente.
- Ondas *theta*. Con una frecuencia de cuatro a siete hercios, se producen durante el sueño (o en meditación profunda, yoga, etc.), normalmente mientras actúan las formaciones del subconsciente. Las características de este estado son: memoria plástica, mayor capacidad de aprendizaje, fantasía, imaginación e inspiración creativa.
- Ondas delta. Con una frecuencia de uno a tres hercios. Surgen principalmente en el sueño profundo y muy raras veces se pueden experimentar estando despierto. Sus estados psíquicos correspondientes son el dormir sin experiencia onírica, el trance y la hipnosis profunda. Las ondas delta resultan de gran importancia en los procesos curativos y en el fortalecimiento del sistema inmune.

Las cuatro frecuencias también están presentes fuera de la persona, ya que todo lo que nos rodea tiene electromagnetismo. Por ejemplo, el planeta tiene un efecto de resonancia muy semejante a las ondas alfa, a esta se le conoce como resonancia Schumann, en honor de Winfried Otto Schumann, quien la descubrió en la década de 1950.

Conocer las diversas frecuencias es muy importante, ya que si sabes qué ondas estimular –y cómo–, entonces, podrás lograr muchos cambios efectivos en tu vida, incluido el control de la ansiedad, el temor y la angustia. Por ejemplo, cuando tienes angustia, las ondas beta están muy estimuladas, pero si estimularas las ondas alfa, podrías equilibrar tu ritmo cerebral sin sustancias químicas externas ni efectos secundarios. Cuando tu neuroquímica y neuroelectricidad se encuentran sin estabilidad, se origina la depresión, adicciones, falta de concentración, temores y ansiedad. Por eso, es importante que puedas equilibrar las frecuencias cerebrales para evitar o controlar dichas enfermedades. El cerebro genera frecuencias y éstas son responsables de que tu compleja red de neuronas funcione adecuadamente, liberando neurotransmisores y creando nuevos caminos. La inducción cerebral para generar frecuencias ha sido utilizada por diversas culturas desde hace cientos de años, con ello han alcanzado logros que parecerían imposibles, como caminar encima de brasas ardientes sin tener quemaduras en los pies o alterar su temperatura corporal, como los monjes del Tíbet. Estimular y equilibrar el ritmo cerebral debería ser el objetivo de todos los profesionales de la salud. Con ello se ahorrarían miles de horas de terapia, además de proporcionar una mejor calidad de vida a la persona.

Las personas que practican algún deporte tienen mayor estimulación de la frecuencia alfa, por eso te recomiendo realizarlo. Así como inscribirte a algún curso de yoga o meditación. También, puedes hacer lo siguiente para estimular esa frecuencia en tu cerebro:
- Practica la autohipnosis.
- Practica meditación.
- Respira profundamente.
- Mueve tus ojos lo más rápido posible en círculos mientras te concentras en un punto imaginario en tu mente.
- Repite varias veces una palabra o frase (muchos lo conocen como mantra).
- Escucha sonidos de ocho a trece hercios.

Para estimular tus ondas delta, las cuales te ayudarán a relajarte profundamente, te recomiendo lo siguiente:
- Ejercita tu hemisferio derecho.
- Realiza ejercicios de visualización.
- Práctica la respiración profunda.
- Escucha sonidos de uno a tres hercios.

Muchas piezas musicales tienen pulsaciones semejantes a los *hertzios* necesarios para estimular las frecuencias cerebrales. En el espacio respectivo de la musicoterapia te recomiendo algunas para que las utilices con ese fin. También, la neuroinducción utiliza sonidos con *hertzios* adecuados para generar respuestas adecuadas que estimularán la salud y el aprendizaje.

Un cerebro, dos hemisferios

Nuestro cerebro se encuentra dividido en dos hemisferios, unidos entre sí por el cuerpo calloso, estructura de fibras nerviosas que se localiza en lo profundo del cerebro y coordina el desempeño de ambos. Estos hemisferios tienen funciones diferentes, que unidas nos ayudan a concebir la realidad y crear los procesos cognitivos. Uno y otro reciben la clasificación de hemisferio derecho e izquierdo, y para muchos autores son dos cerebros diferentes, formando uno.

Para las tareas diarias, utilizamos ambos hemisferios por separado, aunque las investigaciones arrojan que si se usaran ambos, los procesos mentales serían más simples. Como en otros campos, el equilibrio entre ellos marcará la diferencia. Pero, en la práctica, la mayoría de las personas solo utilizan uno de ellos con más frecuencia.

El hemisferio izquierdo es el responsable de la lógica, los recuerdos, la comunicación con la realidad, el lenguaje escrito y hablado, el pensamiento estructurado, el razonamiento, las habilidades científicas y numéricas, el concepto tiempo-espacio y la comunicación digital, lo que se expresa verbalmente. ¿Cuántas veces has tratado de encontrar soluciones a lo que te pasó? Sin saberlo, cada vez que lo hacías, estabas accediendo a tu hemisferio izquierdo.

Al hemisferio derecho corresponde la percepción de las figuras, la tercera dimensión, la imaginación, las analogías, las emociones, la construcción de la realidad, la comprensión del todo partiendo de una de sus partes, el sentido musical, la perspicacia, el concepto atemporal y la comunicación analógica, los gestos y demás lenguaje no verbal. Cuando tienes un proceso creativo, estás accediendo a los recursos de tu hemisferio derecho, por eso es lógico que te sientas motivado a realizar más acciones correctivas en tu vida, ya que estás conectando con tu emotividad y percibes el mundo de una manera diferente, sin que razones la factibilidad de lograr o no lo que te has propuesto. En tu experiencia vital, cuando te repites algo muchas veces, en algún momento tu hemisferio derecho crea cientos de imágenes, sonidos y sensaciones, además de hacer analogías, formando un concepto del mundo a su manera, por lo que, si te repites algo negativo, será difícil que puedas percibir la realidad como es realmente. Pero si repites una idea positiva, aunque en un primer momento pareciera absurda, tu hemisferio derecho logrará formar un concepto adecuado. Por ejemplo, si te repites constantemente que tendrás miedo, eso es lo que obtendrás, ya que tu hemisferio derecho formará imágenes, sonidos y sensaciones que enviará al izquierdo, donde el razonamiento reforzará tus temores. Esta es una representación gráfica de lo que sucede:

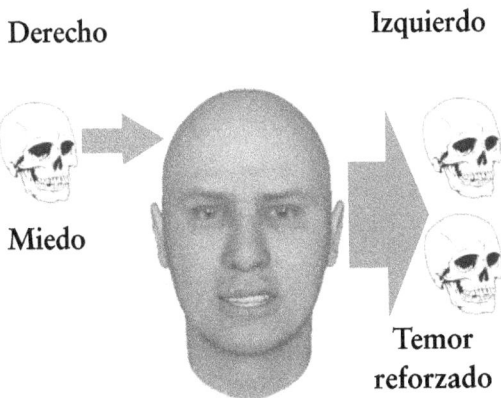

Derecho   Izquierdo

Miedo

Temor reforzado

En cambio, si te "engañaras" diciéndote que tienes gran seguridad en lo que haces o pleno control sobre tus recursos, en algún momento, tu cerebro establecerá esa creencia como válida mediante el mismo proceso que te he descrito. Si en lugar de repetirte que tendrás miedo, haces lo contrario, es decir, si creas imágenes que representen seguridad, tu hemisferio izquierdo elaborará una representación de tu experiencia, reforzando esa creencia:

Derecho **Izquierdo**

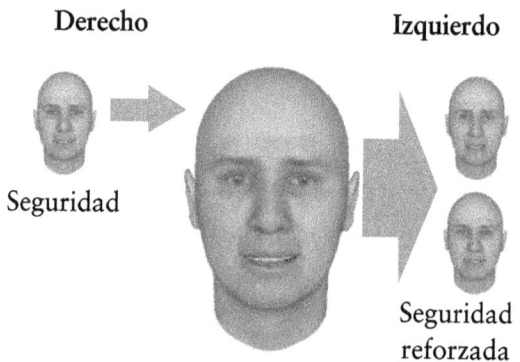

Seguridad

Seguridad reforzada

Ten en cuenta que las imágenes, sonidos y sensaciones que ingreses a tu cerebro producen sentimientos, por eso debes tener cuidado con lo que entra en él. Apuesto a que tienes miles de recuerdos, los cuales hasta tienen clasificación: "buenos", "malos", "motivadores", "desmotivadores", "los volvería a vivir", "mejor ya ni me acuerdo", etc. Estos, como ya lo has leído, se ubican en el hemisferio izquierdo y son los responsables de tu miedo o angustia. Constantemente activas diversos estados emotivos a partir de tus recuerdos, para ejemplificarlo citaré el caso de Sergio, que recurre inconscientemente a su pasado cuando intenta tener una relación interpersonal:

Cuando era niño, mi padre fue muy escueto en apoyarme o valorarme. Los recuerdos que tengo de mi niñez eran de un padre totalmente enojado, incapaz de ser complacido, si quería ayudarle, él me regañaba diciendo: "Apártate, no sabes hacer las cosas". Yo tenía miedo a mi padre, incluso le tenía miedo o aversión a los señores, jóvenes y niños de mi mismo sexo. Pensaba que todos se burlarían de mí o verían que era incapaz de hacer las cosas. De niño fui muy tímido, no salía mucho a jugar, no practicaba depor-

tes, no salía a los parques, etc. Lo que más recuerdo eran situaciones en las que mi padre prestaba atención a mis primos varones o a vecinos amigos míos que iban a jugar a la casa, comprándoles refrescos o diciéndoles que eran muy inteligentes. Todo esto lo hacía en mi presencia y eso me hacía sentir mal, muy mal, como si a mí me faltara algo que los demás niños varones si tenían.

A lo largo de mi vida he descubierto un patrón que se repite en diferentes personas y en diferentes lugares, pero siempre se repite el patrón de "papá, Sergio y los primos o vecinos".

Me pasa a menudo y, de hecho, ahora mismo lo estoy viviendo muy marcadamente. Tengo un amigo muy cercano a mí, yo siempre lo estoy tratando de complacer y, al principio, el amigo está totalmente encantado, me trata muy bien y yo estoy feliz por recibir su reconocimiento, pero llegan sus "otros" amigos y me dan muchos celos, mucha rabia de que me lo quieran quitar, pienso: "Por qué no van y se buscan otro amigo, éste es mío".

Cuando mi amigo les presta atención o se va con ellos y no me invitan, me siento muy mal, siento mucha envidia y pienso que ellos tienen algo que yo no tengo y me empiezo a reprochar: "Si yo tuviera el carisma de ellos, entonces, permanecería conmigo. Si yo tuviera una personalidad desinhibida, entonces me preferiría a mí. Si yo no fuera tan miedoso. Si no me importara lo que la gente opine. Si no le diera tantas vueltas a las cosas... etc.". El dialogo mental es interminable y por esta razón atraigo cosas negativas.

Deseo eliminar los celos que me "atormentan". Deseo eliminar la inseguridad en mí mismo. Deseo ser seguro de sí mismo, carismático, que sea un imán para los amigos, deseo confiar en mis amigos más allegados y no dudar de ellos, pensando que se burlan de mí a mis espaldas.

Sergio sigue viviendo en su pasado, descuidando su presente. Intenta complacer a su padre, aunque no lo logró hace años espera hacerlo en algún momento del presente, deseando ser aceptado y formar parte de un grupo. Aunque su padre era el que no confiaba en él, extendió ese sentimiento a otras personas: "Pensaba que todos se burlarían de mí o verían que era incapaz de hacer las cosas". Su dialogo interno era tan fuerte que repetía constantemente esa generalización, por eso en algún momento añadió esa instrucción a su hemisferio izquierdo. Ahora actúa como "incapaz de hacer las cosas", porque eso es lo se sigue repitiendo en su presente. Sus recuerdos lo siguen atormentando, buscando complacer a otros y tratando de llenar su falta de sentido hacia la vida, a la vez que se reprocha no ser como los demás; sigue minimizado por una figura de autoridad, a la cual supone que debe complacer para ser aceptado. En sus actuales relaciones sociales sigue buscando eso: "Tengo un amigo muy cercano a mí, yo siempre lo estoy tratando de complacer", y lo hace para seguir intentando la aceptación del padre y reconocerse como persona, tratando de conciliar sus distintos roles –como hijo, amigo y ser autónomo. Intenta cerrar un ciclo doloroso con el padre, que él identifica como un patrón, cuando afirma que en su vida, constantemente: "Se repite el patrón de papá, Sergio y los primos o vecinos".

Él desea ser "un imán para los amigos", pero todos sus recursos mentales parten del hemisferio izquierdo, intentando tener seguridad en sí mismo a partir de la inseguridad que ya conoce y que recuerda. Nunca accede a las funciones del derecho, donde buscaría opciones creativas para atraer a sus amigos. Es más cómodo recordar lo malo que fue el pasado, tratando de encontrar culpables. Sin darse cuenta de la importancia que es actuar en el aquí y el ahora, crear nuevos recursos y controlar las imágenes, sonidos, sensaciones, olores y sabores que lo atormentan del ayer.

¿Cuántos recuerdos tienes grabados en tu mente que te generan angustia? Yo creo que muchos. ¿Qué has hecho para borrarlos? Espero que ya hayas comenzado. Tú decides cómo será tu vida: dolorosa o maravillosa, hermosa u horrible, armónica o caótica. Tú decides qué información colocas en tu cerebro y cuál conservas de tu pasado. Haz una lista de cuáles son los recuerdos que más te incomodan. En las secciones siguientes te iré dando pautas para que logres curar tus heridas y preparar tu mente para tener absoluta seguridad en lo que haces. Un excelente recurso que te proporcionan los hemisferios es la percepción de tus síntomas, problemas o temores desde otra perspectiva, para modificarlos conscientemente e, incluso, escuchar lo que te tienen que decir, ya que ellos están ahí para protegerte de algo. La percepción de ellos te ayudará a separarte de tus emociones o síntomas para tomar conciencia de estos; pues los observarás, escucharás y sentirás desde un lugar diferente, ampliando tu visión, percepción o sensaciones y creando nuevas soluciones.

Te pido que realices este ejercicio. Recuerda alguna vez que estuviste enfadado por cualquier situación. Ese será tu *Yo 1*, como lo marca el dibujo de abajo. Ahora, como si fuera una película, separa otro *Yo* hacia tu lado izquierdo, ese será el *Yo 2*. Desde este último, observa al *Yo 1*. Puedes cerrar los ojos para que te sea más sencillo realizarlo. ¿Qué pasa? ¿El *Yo 2* justifica el enfado del *Yo 1*? ¿Cree que debió enfadarse aquella ocasión? ¿Qué le puede recomendar el *Yo 2* al *Yo 1* para evitar enfadarse otra vez?

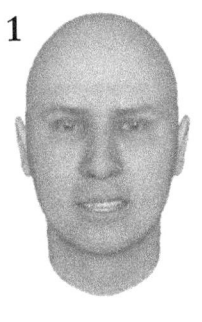

El *Yo 2* puede tener el papel del presente. Haz que le indique al *Yo 1* la inutilidad de recordar en todo momento su enfado pasado. ¿Le has preguntado a otro su opinión sobre algo que has hecho? Con ello has intentado ver desde otra perspectiva tu vida, lo que te propongo es que dejes de preguntarle a otros, ya que tú puedes hacerlo con más objetividad, puesto que conoces tus alcances y limitaciones mejor que nadie. Tu síntoma se puede convertir en tu mejor maestro, ya que él está intentando decirte algo, pero tú no logras traducir su lenguaje, si lo logras, podrás convertirlo en un aliado bastante poderoso. Al final, todo lo que te pasa tiene un objetivo, solo basta que aprendas a descubrir cuál es. Walt Disney[4] utilizaba este ejercicio de perspectiva. Decía que existían tres personas diferentes en él. Los llamaba el soñador, el realista y el estropeador. Nunca sabía cuál iba a aparecer en el proceso creativo, pero tenía que escuchar a los tres. El soñador le ofrecía un panorama repleto de fantasía, lo motivaba a actuar; mientras que el realista le daba las ventajas y desventajas de su idea; y el estropeador era el "ave de mal agüero" que con sus comentarios pesimistas le hacían reconsiderar una y otra vez un proyecto. Los tres le daban pautas para mejorar y con ello superó con creces a muchos empresarios de su época e incluso actuales, pues tenía tres consejeros de su entera confianza dentro de su mente.

Ahora tú puedes ver tu vida desde otra perspectiva, eso te ayudará a tener más seguridad en ti mismo, controlar la angustia y la ansiedad. Te recomiendo utilizar tres posiciones o perspectivas diferentes para controlar tus temores o los síntomas de la ansiedad: con la primera verás, sentirás y escucharás el problema, en otras palabras, será tu *Yo real*; con la segunda experimentarás la situación como si fueras otra persona; y con la tercera te distanciarás, teniendo una perspectiva más amplia, donde serás un

---

4- Productor, director, guionista y animador estadounidense, fundador de la empresa internacional The Walt Disney Company.

observador neutral, sin emociones, tal como un testigo de lo que está pasando que no participa de ello.

Tomaré el caso de la compulsión por comer. El *Yo 1* está experimentando el problema: cuando comienza degustando la comida y percibiendo olores agradables no puede dejar de llevarse a la boca los alimentos. El *Yo 2* escucha al *Yo 1*, le dice que debe comer más despacio, disfrutar del sabor de la comida cada vez que sus dientes muelen el alimento, incluso le pregunta sobre qué relación encuentra entre comida y satisfacción, le hace reflexionar sobre las carencias que puede tener en su vida, y que por ello desee "llenarse" con la comida, a falta de otros estímulos agradables. El *Yo 3* escucha y observa, dándoles al final recomendaciones de lo que ha visto, escuchado y percibido.

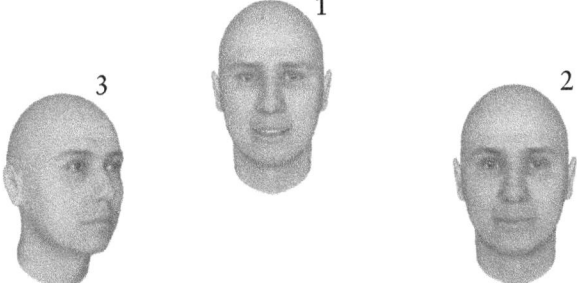

Ya te habrás dado cuenta que desde la tercera postura es más sencillo tomar el control de tus emociones, ya que escuchas mejor, tienes una visión más amplia y las emociones no te afectan tanto como la una y la dos. Puedes practicar este ejercicio con las cosas que no te agradan de tu persona, también puedes conversar con tus miedos las veces que lo desees.

¿Qué pasaría si realizaras este ejercicio otorgándole al *Yo 1* el control de tu presente, al *Yo 2* el de tu pasado y al *Yo 3* el del futuro? Escucharías a tres personalidades en diferentes escenarios y modalidades de tiempo, con mayor control de sus emociones, además de enseñanzas excepcionales. Vas a realizar esto, reúne a tus tres personalidades *(Yo 1, Yo 2 y Yo 3)*, asignándoles el presente, el pasado y el futuro (en ese orden) y colocándolos en esta posición:

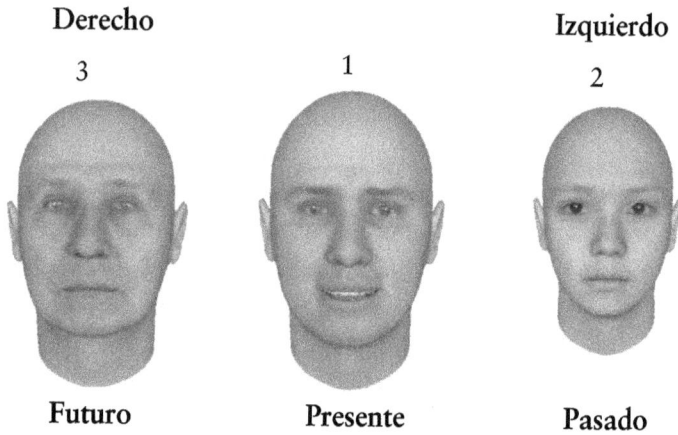

    A tu izquierda se encuentra tu pasado, representado como un niño, a tu derecha tu futuro, representado como un anciano. Estas representaciones tienen la finalidad de hacer notar los tres momentos en el tiempo. Colócalos mentalmente a tu lado en esa posición. Ahora que lo has realizado, pregúntale a tu pasado: "¿Cómo controlas tu ansiedad, miedo o angustia?". Y a tu futuro: "¿Cómo puedo controlar mi miedo, angustia y ansiedad?". El primero tiene muchas experiencias y el segundo tiene recomendaciones que hacerte; por eso debes escuchar a los dos. También solicita su opinión sobre tu estado actual y cómo salir adelante. Por ejemplo, si tienes miedo a subir a un avión sin una razón justificada, el pasado te puede decir el porqué lo tienes, además de recordarte cuántas veces deseaste subir a uno sin preocuparte; el futuro te ofrecerá cientos de herramientas para controlar ese miedo; y entre ambos te ofrecerán una posible solución.

    Este ejercicio es recomendable porque tendrás dos puntos de vista con bastante experiencia y sentido común, que te ofrecerán un panorama más amplio de tu problema, con lo cual lograrás vislumbrar una solución, ya que no estarás viendo un aspecto de la situación, sino varios. Al fin y al cabo, ¿no es lo mismo que haces con otras personas?, les solicitas su consejo, aún sabiendo que no te convencerá; pero con este par de sabios que tienes contigo todo será mejor. Confucio dijo: "Estudia el pasado si quieres pronosticar el futuro"; y tenía razón, ahora tienes la oportunidad de estudiar también el futuro, para entender tu presente.

¿Has escuchado sobre el Análisis Transaccional[5] (AT)? Es una escuela psicológica que, entre otras enseñanzas, afirma que en nosotros tenemos tres personalidades, clasificadas como Padre, Adulto y Niño (PAN), quienes en situaciones determinadas tienden a aflorar, siendo el adulto el que trata de equilibrar a los otros dos. A esa clasificación se le nombra "estados de la personalidad" (o del Yo), en el Análisis Transaccional. El estado Padre utiliza lo que ha aprendido en el exterior para intentar proteger al estado Niño. Es crítico y no tolera que alguien cuestione su forma de ver la vida. De acuerdo con el AT, aprendió su postura de los padres biológicos o de las figuras paternas de la infancia. El estado Adulto está orientado hacia la realidad, el presente y la búsqueda de información. Es lógico, organizado, adaptable, inteligente y calculador. El estado Niño es como un infante, con impulsos que no controla. Hace uso de sus primeras experiencias, aunque no le encuentre sentido, es caprichoso, rebelde y carente de lógica o sentido común. Todos poseemos los tres y en cualquier momento pueden aflorar, ya sea cuando nos relacionamos con otras personas o cuando establecemos el diálogo con nosotros mismos. Tú ya has experimentado esos tres estados, incluso muchos de tus miedos te han controlado por no equilibrar la participación del Padre, Adulto y Niño. ¿Recuerdas cuando tenías miedo de algo (estado Niño) y te reprimías porque no debías de experimentarlo

---

5- Ubicado dentro de la psicología humanista y creado por el psiquiatra Eric Berne.

(estado Padre)? En esa ocasión, tu Padre y Niño se manifestaron, logrando confundirte con sus diálogos. Lo ideal hubiera sido que el Adulto participara también, obteniendo la información necesaria del miedo y tomando una decisión. Por eso, ahora que conoces estos tres estados del *Yo*, puedes utilizarlos para tu beneficio: haz que el Niño y el Padre se manifiesten, pero para obtener información de ellos, nunca dejándoles que dominen tu vida.

¿Deseas tener el control de una conversación con otra persona? Identifica su estado y conversa a su "nivel", es decir, desde un estado similar, para llevarlo a otro donde domines la situación. Este dialogo entre dos compañeros de trabajo te ilustrará lo anterior:

Compañero 1: "Hace mucho calor, me apetece nadar en una piscina, sin importarme las tareas que tenemos pendientes".

Compañero 2 (quien controla la conversación): "Recuerdo cuando era niño y nadaba por horas en un río cercano a mi casa, ¿has nadado en un río?".

Compañero 1: "No, pero debe ser muy divertido... ¡Y refrescante!"

Compañero 2: "¿Conoces alguna piscina cerca de aquí? Podríamos organizarnos un día de estos –claro después del trabajo o en día de descanso– y divertirnos un rato con nuestras familias. Nos serviría para conocernos más e incluso planear algún proyecto en conjunto..."

Como puedes leer, primero comenzaron hablando de Niño a Niño, pero el *Compañero 2* lo llevó hacia su estado Adulto, sin utilizar el Padre, que muy probablemente hubiera reprendido al Niño por pensar en divertirse cuando debe trabajar. Si hablas desde el estado del otro, es muy sencillo que logres tener el control de la situación, incluyendo tus emociones, pues no estarás suponiendo que el otro te rechazará o no compartirá contigo tus puntos de vista, con lo que tu ansiedad o temores disminuirán. Escucha a tus tres estados, deja que opinen sobre una situación en particular y

te sorprenderás de las soluciones que proponen. Realiza un semejante a los propuestos para escuchar las posturas (o percepciones) y tus modalidades de tiempo. Por ejemplo, para una situación que te genera angustia, miedo o ansiedad, puedes hacer lo siguiente:
- Date cuenta cómo actúa el estado Niño en esa situación.
- Observa cómo se comporta el estado Padre.
- Presta atención a lo que hace el estado Adulto. Si existiera conflicto entre los tres (que es lo más probable), analiza el porqué y pregúntales cómo solucionar esa divergencia.
- Toma una decisión.

Separa los tres estados: ¿qué hacen cada uno de ellos?, ¿qué dice cada uno de ellos?, ¿qué siente cada uno de ellos? Después de hablar con todos y escucharlos, analiza desde el estado Adulto las ventajas y desventajas de lo visto, escuchado y sentido, para que puedas decidir qué hacer con la situación. Esas son tres posturas diferentes, con puntos de vista diversos, repletos de recursos para mantener los problemas que te generan estados de ansiedad, por eso representan una excelente herramienta en tu vida. Los ejercicios con posiciones son excelentes para mejorar muchos aspectos de tu vida. Al fin y al cabo todos participamos como actores en diversos escenarios de nuestra vida, como escribiera William Shakespeare[6] en su obra cómica *Como gustéis*: "Todo el mundo es un escenario. Y todos los hombres y mujeres meros actores; tienen sus salidas y sus entradas, y un hombre en su tiempo interpreta a muchas partes".

6- Dramaturgo, poeta y actor inglés, considerado el escritor más célebre de la literatura universal.

La Comunicación Contigo mismo y con los Demás

La satisfacción de los deseos sensoriales no puede satisfacernos, porque nosotros no somos los sentidos. Ellos son solamente nuestros sirvientes, no nuestro sí mismo.
Paramahansa Yogananda

Como te decía anteriormente, nuestro cerebro recibe información del entorno mediante los sentidos, gracias a ellos te has formado un concepto de realidad. También, las demás personas reciben la información que envías por medio de ellos. Por eso, es importante que te sirvas de ellos para comunicarte adecuadamente contigo mismo y con los demás. Gracias a que has visto un árbol, puedes clasificarlo como tal, pero si solo te formaras una imagen de él, tu experiencia sobre el mundo sería reducida. En algún momento debiste escuchar algún sonido del árbol, sentirlo, olerlo e, incluso, degustarlo para ampliar lo que sabías del árbol y, con ello, ampliar el concepto que tenías. A partir de ahí, comprendiste la diferencia entre árbol y arbusto, lo que era un bosque y su utilidad. También, en tus relaciones personales aprendiste por medio de los sentidos, por ejemplo, a evitar una persona (o situación) o a aceptarla, ¿Qué haces cuando ves a un vagabundo? Por lo regular no te acercarás, ya que en algún momento la información que ingresó por tus sentidos te ofreció pautas para ello. Te diste cuenta de que olía mal, se veía inadecuado, que podría hacerte daño y decía incoherencias. Por eso, pudiste deducir que era peligroso para ti. Ahora le puedes rehuir sin saber el porqué, pero tus sentidos son los responsables de eso. Pero, ¿qué pasa cuando encuentras a una persona que te agrada? Supongo que deseas hablar con ella sobre las cosas importantes que te han pasado, escucharla y que te escuche, verla, que te vea, sentirla y que te sienta y por qué no, hasta oler su perfume.

Como he escrito anteriormente, tus sentidos son los encargados de recibir información del medio ambiente, creando nuevos circuitos neuronales, responsables de una experiencia agradable o desagradable. Basados en estos descubrimientos, Jonh Grindler y Richard Bandler, los creadores de la Programación Neurolingüística (PNL), clasificaron el ingreso de información por los sentidos en tres modalidades de comunicación, las que llamaron: visual, auditiva y kinestésica. Se dieron cuenta de que una persona prefería una modalidad o clave de acceso sobre las otras; por tanto, se expresaba y aprendía con ella, además de organizar sus pensamientos basados en la experiencia visual, auditiva o kinestésica. Ninguna modalidad es mejor que otra, ya que son preferencias de la persona para comunicarse y recibir información de su entorno.

Las personas con preferencia visual utilizan la vista como principal acceso de información, elaboran más imágenes, las recuerdan como películas o fotografías (con o sin movimiento), construyen su realidad basándose en lo que ven. Utilizan palabras al hablar, como: claro, transparente, brillante, turbio, mostrar, asomar, etcétera; que utiliza en sus enunciados al conversar con otros, por ejemplo: "Debo aclarar este malentendido". Se despiden con expresiones como "Nos vemos"; y constantemente dirigen su mirada hacia arriba, donde ven una pantalla mental, con sus recuerdos o imágenes, que crean en todo momento.

Las auditivas escuchan todos los sonidos externos y sus voces interiores, prefieren el orden y ser metódicos. Son prudentes al hablar, ya que por medio de su lenguaje recogen información que procesan en su cerebro. Usan palabras como: silencio, susurrante, armoniza, murmullo, estridente, etc., que utilizan para elaborar oraciones como: "Tu silencio me está matando", "Ya hablamos" o "Te llamo después", parecen ser sus mejores expresiones para despedirse.

En cambio las kinestésicas prefieren usar el tacto, el olfato y el gusto para adquirir su experiencia del mundo; y oraciones como "Lo pillé con las manos en la masa" parecen ser sus preferidas, ya que siempre utilizarán palabras como: amargo, ácido, agarrar, rechazar, dureza, atraer, frío o cálido. Tienen una percepción olfativa y gustativa que los auditivos o visuales no poseen, por lo que constantemente dirán: "Huele mal" o "Tiene un mal sabor" –literal o metafóricamente. Por lo regular, son los primeros en detectar una fuga de gas, mientras los demás no se dan cuenta de ello.

Estos tres canales de comunicación son muy importantes para que logremos hacer llegar el mensaje correcto a nuestro interlocutor, e incluso a nosotros mismos. Comparo esto con expresarse mediante un idioma, si el emisor y el receptor lo comparten, no tendrán problema para comunicarse, pero si uno de ellos se expresa en inglés y el otro no lo conoce, difícilmente lograrán algo. Si tú eres visual y le explicas algo a una persona auditiva, puede haber graves confusiones, ya que él no podrá imaginarse lo que le comentas, pero para ti es muy sencillo de hacer. En cambio, si se lo describes desde su modalidad auditiva, él quedará impresionado, pues le habrás dicho lo que quería escuchar. Si te diriges a los demás desde su modalidad de comunicación puedes mejorar tus relaciones personales, ya que les darás a los demás lo que están buscando, hablando en su mismo "idioma".

Esas modalidades también son importantes para que instales en tu mente los mensajes adecuados para evitar la angustia o el miedo, ya que son una poderosa herramienta en la comunicación contigo mismo, además de crear fuertes caminos neuronales para vencer la ansiedad. ¿Recuerdas el caso de Julio? Él decía: "Tengo problemas para socializarme fácilmente con las demás personas. Siempre me imagino que no me harán caso, que no estaré a la altura de su conversación; no sé, es algo muy estresante el saber que no tendré su atención". ¿Dónde crees que está su problema? En su canal visual. Él se imagina que no le harán caso, es más, ya tiene su película hecha: "Me acerco a un grupo, los veo felices, riendo. Yo llego y todos callan, no me hacen caso". Su imaginación vuela, crea miles de videos mentales sobre lo que pasará y, obviamente, eso lo detiene a actuar. El solo hecho de hacerlo está obligando a su cerebro a evitar el contacto con los otros, pues busca que Julio esté a salvo. Al suponer lo que pasará en el futuro solo destruirás tu presente, pues enfocarás tus recursos mentales en algo que aún no existe. Si te sientes identificado con ese caso, te diré algo: tienes las mismas posibilidades de que te hagan caso a que no lo hagan; además, si no lo hicieran, hay millones de personas que estarán felices de escucharte, verte y sentirte. Sigamos con su modalidad visual: si en lugar de crearse su película en la que nadie le hace caso, no está a la altura de la conversación y no obtiene la atención, creara una en la que tuviera todos los recursos, le hicieran caso, estuviera a la altura y consiguiera toda su atención; su cerebro asociaría ello con bienestar, entonces cada vez que viera a un grupo de personas, se acercaría sin problema, porque su mente ya no le indicaría que es un peligro.

Si te has identificado con el canal visual realiza este ejercicio. Imagina que llegas a una reunión. Hay frente a ti un grupo de personas con las que deseas entablar una conversación. Te diriges hacia ellos con paso firme, sonriendo, Extiendes la mano al primero que se gire. Te presentas por tu nombre y le preguntas el suyo. Solicitas que te presente a los demás. Les dices a qué te dedicas y esperas a que ellos hablen de sí mismos. Los escuchas y preguntas las dudas que tengas sobre la conversación que se ha iniciado. ¿Cómo te sientes ahora? Eso deberías hacer todos los días, imaginarte que te hacen caso, que estás a la altura de la situación y que tienes toda su atención.

¿En cambio que haces? Imaginas todo lo contrario, creando miles de caminos neuronales cargados de angustia y zozobra. Si lo haces todos los días, en todo momento, no debes sorprenderte de que tengas ansiedad, angustia o temor, es muy lógico. Por eso, a partir de ahora, debes crear una película a todo color donde te sientas seguro de ti mismo y aproveches todos los recursos.

Otra modalidad importante es la auditiva. Cristina es una persona que se describe como tímida, temerosa de hablar frente al público, ella prefiere oír, antes que ver o sentir:

Siempre he tenido baja estima por lo que me cuesta trabajo tomar decisiones. Actualmente tengo treinta y cinco años, y hace un año me animé a inscribirme a la universidad para estudiar, pero me ha costado mucho porque soy tímida y me cuesta mucho trabajo hablar frente a mi grupo o preguntar. Escucho como mi corazón se me acelera, me sonrojo, tiemblo y aunque haya estudiado para decir el tema se me olvida y, a veces, hasta he llegado a tartamudear. Esa es la causa de que muchas veces haya pensado en dejar la escuela, por la fatiga que me causa el hablar en público. Aunque, sinceramente tengo mucha ilusión en concluir mi carrera, y eso es lo que me ha ayudado un poco.

Ella me dijo que imaginaba que sus demás compañeros se reirían de ella, hablarían entre ellos de su nerviosismo e incluso criticarían cómo estaba vestida. La persona auditiva que genera algún tipo de angustia puede creer que los demás la critican o se burlan de ella, a veces hasta escucha voces imaginarias haciendo eso. Aunque Cristina también hace uso de su kinestesia para generar ansiedad ("me sonrojo, tiemblo..."), se preocupa más por "el qué dirán", dejando de escuchar su propio dialogo interno, que le ayudaría a vencer su inseguridad.

Como ejemplo del uso del canal kinestésico, cito a Verónica, quien me narró que tuvo un matrimonio y un divorcio difíciles: "Yo sentía que algo ardía dentro de mí, tenía un deseo intenso de llorar –me dijo–. Siento que no puedo hablar, como que me bloqueo cuando tengo algún problema, no me pasa siempre, pero cuando pasa me pongo mal porque no me gusta que me suceda".

Ella se "bloqueaba" y se "ponía mal", por lo que no podía iniciar una nueva relación, evitaba unirse con otro por el miedo a que resultara semejante a su relación marital.

Cuando ayudo a las personas a disminuir su peso, les recomiendo que dejen atrás sus hábitos pasados, que solo les han traído fatales consecuencias. Viene a mi mente el caso de Perla, quien había probado todas la dietas habidas y por haber pero no había obtenido los resultados esperados, incluso había aumentado otros kilos.

Cuando le pregunté si se había visualizado, escuchado y sentido como una persona delgada me dijo que nunca lo había intentado. Esa era la razón por la que su cerebro no tenía un parámetro y no sabía qué hacer o hacia dónde dirigirse. En cambio, constantemente se decía a sí misma que estaba gorda, se escuchaba como una gorda y además se sentía como una gorda. ¿Cuál era el problema? Simple: su cerebro tenía la instrucción de engordar. Además frente a su refrigerador colocó una foto de una mujer con exceso de peso, porque ella creía que viéndola antes de comer su cerebro rehuiría esa condición y se diría a sí mismo: "Evita la gordura". Pero no sucedía de esa manera, al contrario, su cerebro creía que esa era la meta. Además, cuando racionalizaba que debía adelgazar, él lo traducía como posible carencia de alimento. Nuestro cerebro necesita energía, también el cuerpo, por eso la instrucción es simple: si hay carencia de alimento, habrá problemas. Como la mente es muy poderosa, decide acumular grasa en el cuerpo, pues la va a necesitar para todas sus funciones. Cuanto más veía una imagen con sobrepeso, el cerebro de Perla buscaba la manera de moldear una figura obesa. ¿Recuerdas las llaves para acceder a tu cerebro? Él tiende a imitar lo que ve, escucha y siente; así aprende. Por eso, Perla solo le ofrecía un estímulo negativo, que su cerebro reproducía sin vacilación.

¿Te resulta familiar este ejemplo? Tu proceso de ansiedad es muy semejante: cuando te aferras a una imagen, sonido o sensación, tu cerebro solo obedece y busca modelarla, creando más angustia. Entonces, tu angustia o temor no son fenómenos aislados, surgen porque estás enviando imágenes, sonidos o sensaciones táctiles, olfativas o gustativas a tu cerebro, las cuales te provocan el miedo hacia un objeto, persona o situación. Estás dando una instrucción tan poderosa a tu mente que no puede pensar en otra cosa que no sea crearte la ansiedad.

¿Recuerdas el caso de Carmen? Decía: "Me centro en ideas que rigen absolutamente mi existencia, ideas fijas como comprar algo o hacer algo. Manejo, diría, rituales para realizar todas mis actividades, vestirme o bañarme, aunque las abandono cuando me siento bien". ¿Por qué hacía esto? Simple, con esos rituales "calmaba" a su modalidad visual y kinestésica, las cuales creaban su angustia. Pero no solucionaba nada, ya que el efecto era muy similar al medicamento, que solo combatía el síntoma, pero no la enfermedad. Cuando movió esas "ideas fijas" a otro lugar de su mente (después las expulsó), comenzó a ver grandes mejorías, pues ya no eran un estorbo para ella. Esta acción le permitió colocar cientos de ideas que le motivaron para seguir estudiando y concluir su carrera universitaria. Es relativamente sencillo tomar el control de tus modalidades, aquellas que has dejado sin una guía y te han hecho la vida imposible. En las siguientes líneas, te explicaré cómo hacerlo.

Nuestro cerebro, además de ingresar información por medio de las tres modalidades, la enriquece mediante la inclusión de diversos matices, a ellos se les denomina submodalidades. Por ejemplo, supongamos que tienes una preferencia visual: las imágenes que ingresas a tu mente tienen cierto tamaño (son grandes o pequeñas), con luz o poco claras, a colores o en blanco y negro, etc. Si fuera auditiva, percibes los sonidos con determinado volumen, armónicos o desentonados, agudos o graves, etc. Para la modalidad kinestésica, puedes tener la sensación de algo áspero o suave, frío o caliente, pesado o liviano. Como puedes darte cuenta, las submodalidades son los detalles con los que acompañas tu experiencia o el ingreso de información a tu cerebro. Las submodalidades son muy importantes porque describen tu situación real. Si visualizas una imagen grande en tu mente, te causará más daño que una pequeña apenas visible, por muy dolorosa que sea. Además una fotografía mental que ocupa todo el espacio de tu pantalla intelectual no te permitirá ver más, por eso tu vida podría carecer de sentido, ya que solo te aferrarás a una imagen, dejando a un lado cientos de ellas. Así sucede con los sonidos: ¿cuántas veces te has angustiado por uno? Si eres auditivo, podría asegurarte que más de una vez tu mente puede escuchar una tonalidad en la voz y asociarla con problemas, generándote ansiedad. O en tus sensaciones, así como el caso de Amelia, que decía tener "dificultades para respirar, palpitaciones y hormigueo en la sien y en las manos, a la par de una desesperación muy grande", eso que sentía era tan grande que le causaba incomodidades físicas.

Las submodalidades visuales incluyen: brillo, tamaño, ampliación, color, sombra, localización, distancia, contraste, enfoque, movimiento, asociación o disociación, frecuencia, densidad, transparencia, dirección de la luz, etc. Las auditivas: tono, volumen, ritmo, continuidad, contraste, claridad, nitidez, origen del sonido, resonancia, etc. Y las kinestésicas: presión, localización, tamaño, frecuencia, horizontal o vertical, dulce, salado, amargo, aromático, temperatura, etc.

Las submodalidades pueden hacer que tu vida sea triste o feliz. Si las utilizas a tu favor, tendrás una valiosa herramienta para controlar tu miedo, angustia o ansiedad, ya que tendrás una especie de control remoto para dominar lo que ves, escuchas y sientes, produciendo cambios únicos en tu vida.

Controla lo que ves

Tú tienes el control de lo que ves y recuerdas, aunque por el momento no lo creas. En este apartado del libro conocerás muchas técnicas para eliminar las imágenes negativas que tienes, aquellas que te impiden disfrutar de la vida, te producen angustia, ansiedad o miedo. Vamos a comenzar con algo muy simple: trae a tu mente una imagen de algo que te hace experimentar temor. ¿Ya la trajiste? Tómate tu tiempo para pensar en una. No importa que tengas una modalidad auditiva o kinestésica, también tienes imágenes guardadas en tu mente. Bien, ahora que la tienes, deseo que la hagas muy grande, tan grande que no puedas ver el todo. Este es un ejemplo gráfico de tu primera imagen y la segunda con la instrucción que te he dado:

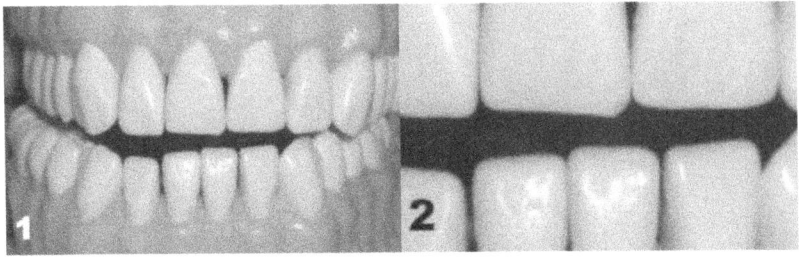

¿Qué pasa? ¿Con cuál tiene más intensidad tu miedo? ¿Con la primera o la segunda? Hay personas que con la segunda sentirían menos, pero tal vez tú, al hacerla más grande, aumentaste su miedo, no te preocupes, tienes otras opciones. Toma la primera imagen, colócala de nuevo en tu mente. Ahora hazla pequeña, poco a poco redúcela, hasta desaparecerla de tu vista, hasta que sea solo un punto tan pequeño que no se pueda visualizar adecuadamente, el siguiente es un ejemplo de la primera imagen y la segunda, más pequeña:

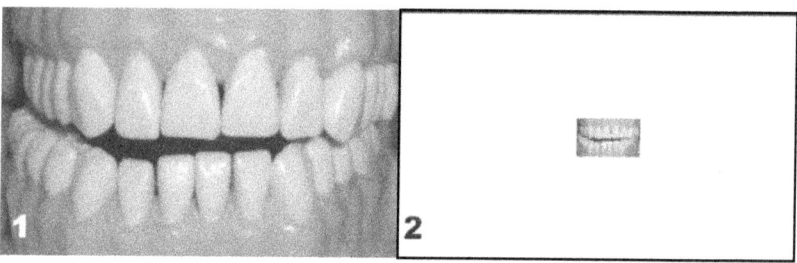

¿Cómo te sientes? Podría apostar que ya disminuyó tu miedo. También podrías cambiar esa imagen que te produce miedo por otra con la que te sientas seguro, primando esta última sobre la primera. Estos son los pasos que realizarías:

1- Coloca la *Imagen 1* que te causa miedo en el lado izquierdo de tu "pantalla mental", al derecho la que te causa seguridad *(Imagen 2)*:

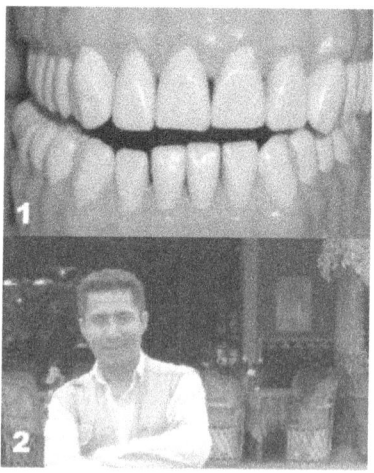

7- Médico de origen judío, que desarrolló una teoría psicológica llamada logoterapia (o la búsqueda del sentido humano).

2- Haz grande tu segunda imagen, de tal forma que cubra poco a poco a la primera:

3- Hazla tan grande que cubra por completo a la primera:

¿Qué pasa dentro de tu mente? ¿Te produce el mismo malestar? Te puedo asegurar que no. Con estos ejercicios le has dado a tu cerebro el control de lo que ves.

Tal vez te preguntes ¿por qué la imagen que no me gusta debo colocarla en la izquierda? Ahora te explico. ¿Recuerdas las características de los hemisferios? En el lado izquierdo colocarás lo que te produce malestar, ya que siempre está contigo, en tu recuerdo. La otra es una nueva creación de tu imaginación, que vas a insertar en tu memoria para que no te moleste la primera. Así tu cerebro creerá que la segunda es la válida, dejando olvidada la otra. ¿Y qué pasaría si no pudieras ver claramente una imagen que te causa problemas? Trae a tu mente una imagen que te produzca ansiedad o algún temor, obsérvala. ¿Es nítida? Si es así, desenfócala, lograrás algo como esto:

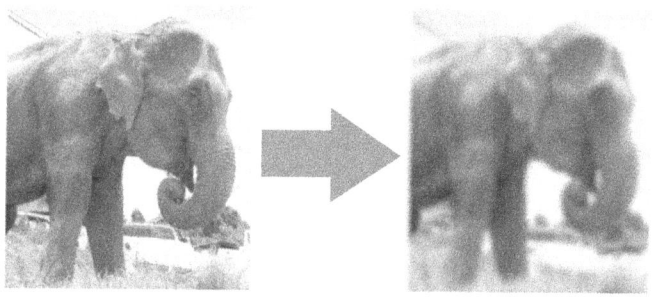

Imagen 1   Imagen 2

La *Imagen 1* es como la visualizas en tu mente, la *Imagen 2*, es la transformación que te recomiendo realices para que te afecte en menor medida. Supongamos que los elefantes te causan temor. Al realizar este ejercicio ya no te hará el mismo efecto, ya que lo percibirás desde otro punto de vista, carente de detalles y sin orden, por lo que tu cerebro no le encontrará sentido a lo que ves, evitando tu ansiedad o miedo.

Una variante de ese ejercicio es convertir la imagen en un vitral, entonces podrás romperlo mentalmente con una gran roca o con cualquier otro objeto, así tu miedo se destruirá en pedacitos.

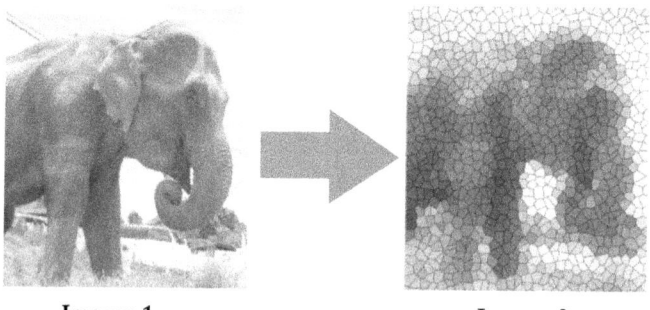

Imagen 1   Imagen 2

Los detalles también son importantes para controlar lo que ves; es muy diferente una imagen repleta de detalles a una carente de ellos. Muchas veces lo que está alrededor o detrás de tu imagen principal te afecta, por eso necesitas eliminarlos.

Otra opción para los detalles es cambiarlos; por ejemplo, si tu imagen tiene una calle de fondo como la foto del ejemplo, cámbiala por una playa (suponiendo que esta te trae "buenos recuerdos"). Así obtendrías al final una imagen como la segunda, a la derecha:

También puedes alejar la imagen principal que te hace daño, haciendo que desaparezca en el fondo; cambiarle la dirección (si es horizontal, hazla vertical); cambiarle el marco (por otro color o desapareciéndolo); y moverla de lugar (si está a la izquierda, muévela a la derecha). Si la imagen tiene movimiento (semejante a una película), cambia la velocidad de ella; si tienen una adecuada proporción la persona o personas que están dentro de ella, modifica su tamaño, para que estén desproporcionadas. Tienes miles de opciones para controlar lo que ves, los anteriores solo son algunas recomendaciones, tú puedes hacer cientos de ejercicios diversos a partir de lo aprendido.

¿Cuándo vas a la zapatería te pruebas los zapatos que te comprarás? Yo sé que lo haces. Pero, ¿por qué lo haces? Supongo que por la misma razón que la mayoría, para comprobar que: caminas cómodo con ellos, no te hacen daño, no son de un número mayor o menor y si te gusta cómo te ves con ellos (o como se ven ellos contigo, solo es cuestión de enfoques). Los ejercicios que acabas de hacer son muy semejantes a esa experiencia. Con ellos controlarás lo que ves, ajustándolo, comprobando si te agrada lo que ves y si te sientes bien con ello. Es lo que te recomiendo hacer de ahora en adelante con tus imágenes.

Hace algunas líneas incluí el caso de Carmen, la cual decía tener "ideas fijas, como comprar algo o hacer algo". Tal vez experimentes lo mismo, ahora sabrás cómo controlar esas "ideas fijas". Primero trae esa película a tu mente, supongamos que tu médico te ha prohibido consumir cualquier bebida carbonatada (refresco o soda, como lo llames). Pero tu mente te trae escenas de ese líquido: en un vaso, con hielos, burbujeante, con colores vivos; es más, hasta podrías recordar los anuncios comerciales que lo promocionan. Deja que "corra la película" un poco, ahora comienza a quitarle velocidad. Hazla más lenta, más y más lenta hasta detenerla. Ahora reprodúcela, pero hacia atrás. ¿Recuerdas como se rebobinaba la película en las cintas de video? Hazlo de esa manera, hasta con la distorsión que se veía al hacerlo. ¿Tiene el mismo efecto? Podría asegurarte que no, ahora ya no tiene sentido para ti y ya no estás construyendo una película con "ideas fijas", sino que estás tomando el control sobre ella y destruyendo esas ideas recurrentes. ¿Y si le cambiarás los colores? Puedes transformarla en blanco y negro o reproducirla en tu mente como si estuviera desgastada por el tiempo, tal y como verías una película de principios del siglo XX.

Ahora podrías decirle a Carmen que puede controlar lo que ve, distorsionando la imagen. Incluso, puede hacerla más pequeña o más grande, cambiarle el color, cortar la cinta en pedacitos y muchos más recursos (o submodalidades).

¿Conoces a alguien que esté intentando dejar de consumir "comida basura"? Con esta sencilla y a la vez poderosa técnica le podrías ayudar, las personas tienden a consumir sin detenerse a pensar si está bien hacerlo o no, si dañará su salud los beneficiará; aquí entra en juego la publicidad de un producto. Son muchos los profesionales que están detrás de una campaña de mercadotecnia, y tienen en cuenta lo visual, auditivo y kinestésico de sus consumidores. Por eso, un anuncio de un refresco muestra el producto, produce sonidos característicos y provoca sensaciones, así tu cerebro asocia estos estímulos, por lo que se hace muy difícil no consumirlo. Ahora es el momento en que hagas tus *antianuncios* mentales para evitar que te controlen los comerciales de los medios de comunicación. Si has intentado adelgazar y no lo has logrado, este ejercicio y los que siguen te ayudarán. También puedes utilizar estos para hacer que un niño prefiera las frutas y la verdura antes que la "comida basura". Recuerda que todo está en nuestro cerebro y si sabes cómo estimularlo, tendrás el control de tu vida.

¿Qué puedes hacer con otros síntomas de la ansiedad, miedo o angustia? Tomaré el de la preocupación excesiva para ejemplificar qué hacer. Supongamos que te preocupa que los demás se burlen de ti cuando estés delante de ellos para dar una conferencia o para conversar; bien, cuando estés pensando esto, trae esa imagen donde todos se ríen de ti. Como está a todo color, transfórmala en blanco y negro. ¿Qué pasa? ¿Tienes la misma sensación o temor? Si aún persiste, trae de nuevo la imagen y aleja a las personas, como si los asientos donde están sentados tuvieran ruedas y los empujaras lejos de ti. Hazlo. ¿Sigue igual la sensación? ¿Te sigues preocupando de igual forma?

Tal vez has escuchado un consejo muy trillado para tener seguridad cuando hablas frente al público, que consiste en imaginar a la concurrencia sin ropa. Es un ejercicio que funciona igual que los anteriores ejercicios, en pocas palabras, rompe con tu preocupación. Cuando piensas en todos sin ropa que los cubra, en lo que menos pensarás es en tu nerviosismo, ya que tratarás de identificar a la mujer más guapa o al hombre más interesante del grupo en esas condiciones. Ahora tú puedes realizar la película mental que deseas ver. ¿Recuerdas el caso de Sergio? El decía:

Cuando era niño, mi padre fue muy escueto en apoyarme o valorarme. Los recuerdos que tengo de mi niñez eran de un padre totalmente enojado, incapaz de ser complacido. Si quería ayudarle, él me regañaba diciendo: "Apártate, no sabes hacer las cosas".

Si te ha pasado algo similar, puedes realizar una película donde controles esto. Primero date cuenta de si la película es en color o en blanco y negro, de su tamaño (¿ocupa toda tu pantalla mental?), de si tiene sonido o no, de si hay más personas en ese recuerdo. Realiza este ejercicio, con una de las "películas" que tengas en tu recuerdo, alguna parecida al caso de Sergio. Trae la imagen con movimiento a tu mente, si tiene color vas a quitárselo, haz que sea en blanco y negro. ¿Qué pasa? ¿Tiene el mismo efecto en tus emociones? ¿Te hace sentir lo mismo? Ahora observa su tamaño: ¿es grande? Hazla pequeña, como si dieras algunos pasos hacia atrás y te alejaras de ella, empequeñécela hasta ver solo un punto. ¿Te produce las mismas emociones?

Así puedes jugar con todas tus "películas", recuerda que te pasó una vez, pero en tu mente lo recuerdas miles de veces, afectándote igual número de ocasiones. ¿Recuerdas alguna vez que fuiste al cine y saliste emocionado? El director de la película logró emocionarte hasta tal grado que te veías, sentías y escuchabas como un participante en ella. Lo que te propongo con estos ejercicios es que seas el director de tu propia película, el actor y el espectador.

Haz este ejercicio. Trae a tu mente una película que te haya hecho sentir poderoso, motivado, feliz y dueño de cientos de recursos. Vuélvela a vivir con tu recuerdo. Ahora imagina que eres el actor principal. Vive las escenas como él, es decir, observa las cosas, escúchalas y siéntelas como él lo haría. Habla, toca, huele y degusta todo como él. ¿Cómo te sientes? Apuesto que "como él". Bien, a eso me refiero, que construyas tu propia película con tu vida, donde la dirijas, actúes y también la disfrutes, verás que en poco tiempo logras grandes cosas. Olvida lo que esperaste tanto tiempo y nunca llegó, ahora puedes disfrutarlo. Algunas personas me dicen que hubieran preferido que sus padres los hubieran motivado al igual que a sus amigos, pero siempre les contesto lo mismo: "El 'hubiera' no existe". Ya te pasó algo, no puedes cambiarlo, solo hacer una modificación de la experiencia en tu mente, lo externo no lo puedes cambiar. Por eso, el proceder de tus padres nunca lo cambiarás, pero sí puedes crear tu propia película.

Tal vez el padre de Sergio creyó que regañándole y diciéndole: "¡Apártate, no sabes hacer las cosas!", le motivaría a salir adelante y no ser dependiente. Posiblemente el abuelo de Sergio así educó a su hijo, y por eso creció creyendo que era la mejor forma de hacer que alguien alcance sus metas. Nadie nos educa a ser padres. Hace algún tiempo un paciente sufría porque su padre le había pegado mucho y nunca le había dicho un "te quiero", entonces le dije: "¿Y si castigándote hubiera sido la única forma que él creía válida para expresar que te quería?". Me miró con incredulidad, seguí diciéndole: "Él, tal vez, creía que corrigiéndote de esa forma te haría un hombre de bien... Y logró hacerte un hombre de bien, solo que se equivocó en el método". Mi paciente lloró mucho después de ello, agradeciendo a su padre que, de alguna manera, le demostró su amor.

Permíteme que te vuelva a repetir una frase que ya leíste anteriormente, y que se aplica en estos ejemplos: "Lo que sabes hasta ahora es el resultado de lo que otros te han enseñado." ¿Te has preguntado si lo que te enseñaron fue lo correcto o si esas personas estuvieron equivocadas? Tus padres aprendieron algo y lo han repetido sin cuestionarse si estaban en lo cierto. Tú también lo has hecho. Ahora es tiempo de cambiar.

Controla lo que escuchas

¿Te afecta lo que escuchas o escuchaste hace algún tiempo? Entonces debes controlar tu modalidad auditiva. Las personas con esta preferencia, tienen tantas voces que ya no saben a cual hacerle caso, los ruidos son tan estruendosos que hacen que los sonidos armoniosos sean imperceptibles.

Como escribí unas líneas antes de estas, el volumen es una modalidad importante para el cambio, es lo primero que harás. Cuando escuches una voz que te prohíba actuar o te infunda miedo, vas a bajar su volumen hasta que se vuelva inaudible. Reproduzco las líneas de Sergio, donde me contaba que su padre le regañaba diciendo: "Apártate, no sabes hacer las cosas". Como no le gustó lo que escuchó, él tiene el poder de cambiarlo y ya no seguir recordándolo. Puede modificar el volumen e incluso cambiar el orden de las voces que recuerda; así su padre le diría: "Sabes, apártate, hacer las cosas no". Entonces, ya no tendría el mismo efecto. Realiza ese ejercicio. Recuerda algunas palabras que hayas escuchado y con las cuales no te hayas sentido cómodo. Cámbiales el orden como Sergio ¿Es igual su efecto? Supongo que no. También puedes cambiarle la voz a la persona que te lo dijo. Si fue un hombre, ahora escúchalo de una mujer o al revés. Es más, que su voz tartamudee. Si alguien te dijo: "Siempre fracasarás", ahora te dirá: "*Sssiiiiemmmmmppprrreee fffffffffffrrrraaacccaaaasssaaaarrrraaaassss"*. Con esto, lo más probable es que te reirás de esa persona. ¡Y vaya que te reirás! Si recuerdas con claridad las palabras que te afectaron, ahora colócales ruido, que sea ininteligible lo escuchado. ¿Has tratado de hablar por teléfono mientras alguien frente a ti te habla o ves la televisión? Es difícil hacerlo por todos los sonidos que escuchas. Ese es un buen ejercicio. Imagina varias voces a la vez y te darás cuenta de que tus recuerdos auditivos desagradables ya no serán lo mismo después de ello. También puedes cambiar el origen de lo que escuchaste y te afectó. Fíjate de dónde viene el sonido, si es de tu izquierda, cámbialo a la derecha; si fue desde arriba, que ahora se escuche desde abajo. Verás que al hacer todo esto, el daño será menor. Cambia la velocidad de las frases que te dañan: hazlas lentas o demasiado rápidas, ininteligibles, difíciles de comprender. Ahora que lo has hecho, ¿te dañan igual? Si recuerdas el mensaje y a la persona que te lo dijo, entonces toma ese recuerdo y mentalmente tápale la boca. Puedes usar un pañuelo o una cinta adhesiva. ¡Incluso podrías coserle los labios! Todo vale, son tus sonidos e imágenes las que debes cambiar, no a las personas, de nada serviría. Además, dudo que lo lograras.

Estas son algunas frases que se repiten las personas con temor, ansiedad o angustia constantemente dentro de su mente:
- La gente se ríe de mí.
- No puedo hacer las cosas.
- Me veo ridículo.
- Los demás me consideran tonto.

Y decenas de frases que solo hieren a la persona. Si tú has usado esas palabras, puedes cambiar el tono de ellas: si eran graves, hazlas agudas; cambia su velocidad o imagina que un personaje de caricatura las dice y ríete de él. Cambia todas las submodalidades hasta que te sientas bien.

Controla lo que sientes, hueles y degustas

Como ya lo he expuesto con anterioridad, si prefieres la modalidad kinestésica, las sensaciones son las que están presentes en tu vida y posiblemente no te dejan avanzar. Por eso ahora vas a leer cómo controlar lo que sientes, hueles y degustas, para tener pleno control de tus recursos. Tomaré el caso de Julio para comenzar a ejemplificar lo que puedes hacer para controlar tu kinestesia. Él me decía:

Mi problema es que sudo mucho. He sentido que ha sido por los nervios, desde una exposición o ir a lugares nuevos. Me ocurre cuando no hace calor, incluso me ha ocurrido cuando está haciendo frío y, realmente, me preocupa. Ya no sé qué hacer y no he encontrado la solución a este problema.

La recomendación fue simple. Imagina que multiplicas esa sudoración, ya no es un poco de sudor el que expulsas cuando vas a lugares nuevos, sino es el doble de sudor el que expeles de tu cuerpo. Es más, cada vez que asistas a un lugar nuevo o expongas, procurarás sudar el doble. Supongo que como él, tú estarás preguntándote ¿cómo me puede ayudar eso? Aunque no lo creas te ayudará bastante. Esta técnica se llama intención paradójica, y funciona seas visual, auditivo o kinestésico. Fue descubierta y utilizada por Victor Frankl[7] para los pacientes con miedo, ansiedad y angustia, quien afirma que funciona debido a que: "Por una parte, el miedo hace que se produzca lo que se teme y, por otra, la hiperintención estorba lo que se desea. Por la intención paradójica se invita al paciente fóbico a que intente hacer precisamente aquello que teme, aunque sea solo por un momento". Cuando intentas hacer algo, es la misma intención la que evita que lo logres. ¿Recuerdas que cuando buscamos la perfección, más imperfectos nos volvemos? Así funciona la intención paradójica: cuando buscas provocar el síntoma fracasas, porque te apartas de él para hacerlo consciente y, por tanto, lo racionalizas, eliminando su velo "mágico".

Hace tiempo me contrataron para capacitar a un grupo de jóvenes que participarían en un concurso de belleza local. Tenían que presentarse ante más de tres mil personas, además de que el evento sería televisado. Durante cuatro sesiones trabajamos sobre sus miedos y lograron superar muchos, pero el día del evento una de ellas, justo antes de salir al escenario, quedo paralizada completamente en el camerino. Me llamaron inmediatamente, entonces no tenía unas horas para trabajar con ella, era cuestión de minutos. Por ello decidí vencer la barrera que había puesto para no permitir a su cuerpo tener movilidad. Le pregunté sobre su principal miedo, ella me respondió "al ridículo", entonces le dije estas palabras: "Sube al escenario y haz el peor ridículo de tu vida". Obviamente, todas sus compañeras me miraron con asombro. ¿Cómo alguien que las motivaba les podía decir eso? Solo les respondí a todas: "Si van a hacer el ridículo, háganlo bien, si no, no lo hagan". Entonces, la jovencita se comenzó a mover, se levantó riendo y me dijo: "Voy a hacer el mayor ridículo de mi vida". Cuando subió al escenario, lo hizo sonriendo, disfrutando del momento. Obviamente, actúo de maravilla, sin problemas hizo un buen papel. Al estar concentrada en intentar hacer el ridículo, olvidó que las miles de personas la estaban viendo y podrían reírse o burlarse de ella. Así funciona la intención paradójica, concentra la atención de la persona en otro aspecto de su vida, olvidando el síntoma. Frankl decía:

Este procedimiento debe hacer uso de la capacidad estrictamente humana para el desprendimiento de uno mismo, inherente al sentido del humor. [...] Al mismo tiempo, se capacita al paciente para apartarse de su propia neurosis. Gordon W. Allport escribe: "El neurótico que aprende a reírse de sí mismo, puede estar en el camino de gobernarse a sí mismo, tal vez de curarse".

Esto que dice Frankl es algo sumamente importante: "Apartarse de su propia neurosis". Si te has dado cuenta, en este libro es algo que te he recomendado hacer: alejarte de lo que has aprendido, para lograr un cambio significativo. El tartamudeo es otro síntoma que puede corregirse con la intención paradójica, es más, muchos niños con problemas de lenguaje como el tartamudeo pueden curarse con ella. Tal vez, hayas escuchado sobre Demóstenes, conocido como el más grande orador de la historia, que antes de ganarse ese título, tenía un grave problema de tartamudez. Se colocaba piedras debajo de la lengua y se ubicaba frente al mar para practicar la oratoria. Con ello olvidaba su defecto de elocución, ya que ponía más atención en que su voz se escuchara sobre el ruido de las olas, corrigiendo así, sin saberlo, su respiración (por lo regular la tartamudez se debe a una respiración inadecuada). Además, con las piedras aumentó la salivación (cuya deficiencia es otra de las causas biológicas del tartamudeo).

Otro de los síntomas de la ansiedad es la opresión en el pecho. Para evitarla, te recomiendo que le des una forma con tu imaginación. Observa la forma que tiene y cámbiala. Por ejemplo, una paciente me decía que tenía forma de puro, por lo que le solicité que, como si fuera plastilina, la cambiara de forma moldeándola con las manos. Ella se reía cada vez que se lo hacía, hasta que logró deshacerla completamente, eliminándola de su cuerpo. ¿Y si esa forma la hubiera convertido en globo? Después, podría haberle dado un pinchazo imaginario con un alfiler y lo hubiera destruido fácil y rápidamente. Las opciones son muchas, debes utilizar la que mejor te resulte. Y, como en las anteriores modalidades, te recomiendo que hagas estos ejercicios kinestésicos, aunque tengas otras preferencias de comunicación, ya que te acercarán cada vez más al control total de tu vida y no solo a la expulsión de los síntomas.

¿Tienes la sensación de hormigueo en la piel? Imagina que son cientos de hormigas las que provocan eso. Cógelas con tus dedos y comienza a matarlas, una por una, hasta mermar su población. También, puedes hacer una inundación imaginaria, donde las ahogues; o consigue un oso hormiguero para tu mente e incítalo a que se las trague todas, así te dejarán tranquilo (y él estará feliz con tremendo banquete).

Si tienes entumecimiento, imagina que estás dentro de una piel dura, la abres con un cierre y sales de ella para lograr un gran movimiento; o que tu piel es una armadura oxidada, sal de ella para caminar sin ella (ya no te protege, solo te estorba). También, prueba sentirte elástico, como una gran liga humana, expande tus extremidades todo lo que puedas. Cualquier sensación puedes alejarla de ti. Imagina que tienes un repelente de sensaciones negativas y las eliminas de tu cuerpo, desplazándolas lejos, muy lejos de ti, a un metro, dos, tres, más de cuatro, lejos de tu cuerpo.

Incluso, existen investigaciones en niños con alergias que han controlado muchos de sus síntomas, imaginando que su sistema inmune tiene a su disposición un ejército que protege a sus células de los elementos que intentan dañarlas. Estos pequeños narran qué sienten, ven y escuchan, cómo la milicia gana las batallas, proveyendo, con esto, fortaleza para su sistema inmune.

¿Aumenta tu temperatura o disminuye? Si ocurre lo primero, imagina que tienes un interruptor de temperatura y seleccionas frío: percibe como lo fresco avanza por tu cuerpo, eliminando el calor; si es lo segundo, haz lo contrario.

Si tu boca "tiene sabor a centavo" (esta descripción corresponde al sabor de una moneda de cobre cuando se coloca en la boca), imagínate saboreando un dulce o masticando un chicle. Sigue las mismas recomendaciones con los olores.

Te recuerdo que el objetivo de estos ejercicios es otorgarte el poder sobre tus sensaciones, para que tú escojas lo que deseas y deseches lo que no te sirve para nada.

Movimientos oculares para controlar lo que ves, escuchas, sientes, hueles y degustas

¿Te has dado cuenta de que cuando hablas mueves los ojos hacia distintas direcciones? No solo cuando conversas, también cuando recuerdas, elaboras una fantasía y, por supuesto, cuando te deprimes, tienes miedo o ansiedad. Observa a las personas a tu alrededor, verás que todas hacen lo mismo. Incluso, si prestas la atención suficiente podrías saber lo que está pasando en su mente. Pero, mi intención no es que te vuelvas adivino, sino que utilices los movimientos oculares para controlar lo que ves, escuchas, sientes, hueles y degustas, ya que una forma de acceder a los procesos de tu cerebro es por medio de éstos.

Seguiremos con la clasificación antes mencionada: visual, auditivo y kinestésico. Esas tres modalidades de comunicación nos ayudarán para ello. Además, utilizaremos las características de cada hemisferio cerebral.

Realiza este ejercicio. Coloca tus ojos hacia la derecha y, sin moverlos, describe cómo es la casa donde vives: ¿cuántas ventanas tiene?, ¿cuántas puertas?, ¿qué forma tienen las ventanas?, etc. ¿Qué pasa? ¿Te resulta fácil hacerlo? No debes mover los ojos hacia otro lugar que no sea a tu derecha. ¿Lo has logrado? Hacerlo te ha sido difícil porque te solicité que recordaras cómo es tu casa, información que se encuentra en el hemisferio izquierdo, ya que ahí se almacenan los datos de la memoria. Sin que te lo propusieras, tus ojos se movían hacia la izquierda, ya que intentaban acceder a tu archivo mental. Ahora que sabes esto, será más sencillo que recuerdes algo... o que lo olvides.

Ahora te explicaré la relación entre los movimientos oculares y tus modalidades de comunicación y hemisferios. Observa esta figura, donde se muestran las pistas de acceso:

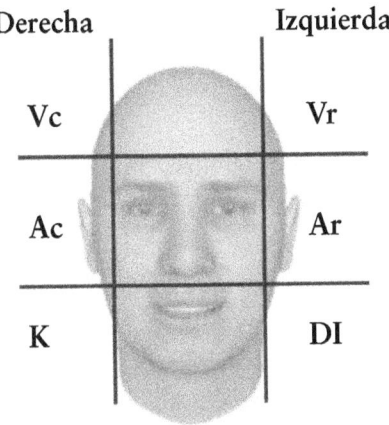

Como puedes darte cuenta, representa a una persona que está frente a ti, con su derecha e izquierda, las letras indican un movimiento ocular y significan:
- *Vc. Visual construido.* Con este movimiento construyes imágenes de cosas que no has visto nunca o que puedes ver de manera diferente, ya que accedes al contenido de tu hemisferio derecho. La posición de los ojos es arriba y a la derecha.
- *Vr. Visual recordado.* Las imágenes que aparecen ya las conoces, solo las recuerdas, esto se debe porque accedes a tu hemisferio izquierdo. Los ojos se mueven arriba y a la izquierda.
- *Ac. Auditivo construido.* Escuchas sonidos que no has oído hasta ahora. La posición es los ojos al lado derecho, logrando establecer una relación con tu hemisferio derecho.
- *Ar. Auditivo recordado.* Recuerdas sonidos por el movimiento hacia la izquierda, por ello, los ojos se mueven al lado izquierdo.

- *K. Kinestésico.* Sientes emociones, sensaciones táctiles (sentido del tacto) o sensaciones propioceptivas (sensaciones de movimiento muscular). La posición de los ojos es abajo y a la derecha.
- *Di. Dialogo interno.* En esta posición hablas contigo mismo. Los ojos abajo y a la izquierda.

Puedes darte cuenta que al mover tus ojos hacia el lado derecho creas y hacia el izquierdo recuerdas. Conociendo esto puedes romper con los procesos de dolor o generar nuevos recursos que te harán tener mayor fortaleza; sobre ello escribiré a continuación. Lo primero que debes hacer es darte cuenta de tus movimientos oculares. Voy a escribir algunas preguntas y tú deberás reflexionar sobre ellas, tomándote tu tiempo, y darte cuenta hacia donde se mueven tus ojos y a qué canal estás accediendo. Después deberás explicarte el por qué lo haces de esa forma. Las preguntas son:

- ¿Qué pasaría si tu mejor amigo decidiera no volver a dirigirte la palabra?
- ¿Qué harías si la casa de tu vecino se está quemando y eres el único que se ha dado cuenta?
- ¿Cómo le explicarías a alguien la ruta correcta para llegar a tu casa desde los límites de la ciudad o el pueblo donde vives?
- ¿Qué debes hacer para comenzar una conversación con una persona desconocida?
- ¿Quién crees que fue la figura más importante en tu infancia?
- ¿Cómo sería tu vida actualmente si hubieras nacido con un color de ojos diferente al que tienes ahora?
- ¿A quién confiarías un secreto?
- ¿Dónde podrías esconder un tesoro?
- ¿Qué es lo más importante para ti en este momento?

¿Qué ha pasado? Tal vez muchas preguntas te han dejado con un velo de tristeza. Si eso pasó, recuerda cómo fue el movimiento ocular. Te darás cuenta que en algún momento tus ojos se colocaron hacia abajo, en el lado izquierdo, por eso accediste a tu dialogo interno, donde comenzaste un soliloquio, lleno de recuerdos e hipótesis. Por ejemplo, en la primera muchos pacientes comienzan imaginando *(visual recordado)*, pero terminan sumidos en su *dialogo interno (Di)*, deseando que eso no pase, ya que se sentirían muy mal. Si nunca has vivido una experiencia semejante a un incendio en la casa de tu vecino, tus ojos se moverán hacia arriba a la derecha, accediendo a tu modalidad *visual construido,* si te imaginaste el fuego. Si tu experiencia fue buscar dónde había agua y algunos cubos para llevarla, posiblemente tus ojos fueron abajo a la derecha (por tu acceso a la kinestesia).

Así trabaja tu cerebro, tiene tantos recursos sin una guía, que hace uso de ellos sin control y te provoca inseguridad, miedo, angustia o ansiedad. Por eso, es necesario que conozcas los movimientos oculares, para frenarlos y construir nuevos caminos neuronales, una vez que los domines.

Vamos por partes, en la primera pregunta, ¿Qué sucedió? Supongo que tus ojos fueron hacia la derecha, en medio, abajo o arriba, dependiendo de tu modalidad preferida. Después a la izquierda, ya que le pusiste nombre, imagen, voz y alguna forma a ese amigo, por tanto, recordaste. Después, tus ojos bajaron o se mantuvieron arriba buscando una respuesta. Esa situación hipotética se transformó de repente en algo probable (puede pasar en el futuro) o actual (está pasando). A continuación, pudiste haber experimentado muchas voces de alerta, imágenes y sentimientos. ¿Eso es lo que te pasa antes de experimentar el miedo, angustia o ansiedad?

Quiero que vayas identificando el camino que sigue tu miedo, angustia o ansiedad, para poder controlarlo. Por eso, te he solicitado que te preguntes lo anterior: así podrás darte cuenta de los movimientos oculares que llevas a cabo. Esta tarea sencilla te ayudará a controlar lo que ves, escuchas, sientes, hueles y degustas.

Haz el siguiente ejercicio. Imagina a tu mejor amigo haciendo algo que no te agradó en lo más mínimo. Supongo que tus ojos se movieron arriba hacia la izquierda. ¿Estoy en lo correcto? Ahora haz lo mismo, recuerda aquello con lo que no estuviste de acuerdo, pero colocando al lado derecho y arriba tus ojos. ¿Te hace sentir igual? Podría apostar que no. Ya tienes un nuevo recurso, cada vez que recuerdes algo que no desearías que hubiese pasado, coloca tus ojos hacia la derecha, arriba si es una imagen, en medio si es un sonido o abajo si te hicieron sentir mal. El efecto ya no será el mismo.

También funciona de maravilla cuando deseas cambiar algo que pasó y que no te agradó por algo que no sucedió, pero te hubiese gustado que pasara. Haz una imagen de lo segundo. Como su lugar será en el lado derecho, pásalo poco a poco al lado izquierdo, para que tu cerebro suponga que eso ya lo vivió y lo haga suyo. ¿Conoces la historia del barón Münchhausen? Fue un noble alemán que vivió en el siglo XVIII, popular porque narraba unas aventuras increíbles. Por ejemplo, haber viajado en una bala de cañón, montado en ella. Lo inusual es que muchos le creían por la seguridad con la que relataba lo que, supuestamente, había sucedido. Realmente era un mentiroso que había terminado por creer lo narrado a los demás. ¿Por qué escribo sobre ese peculiar personaje? Por la sencilla razón de que todos terminamos creyendo alguna de nuestras mentiras: "No soy capaz de...", "Es difícil hacer esto o aquello", etc. Entonces, ¿por qué no utilizarlas para nuestro beneficio? Si te dijeras: "Soy capaz de...", "Es sencillo hacer esto o aquello" y demás afirmaciones, mientras las colocas en tu lado derecho y las mueves hacia el izquierdo, en algún momento, tu cerebro creerá que ya lo vivió. Entonces, no habría problema en volver a vivirlo. Esta imagen representa lo que te he mencionado, la flecha indica hacia donde debes mover tu "mentira":

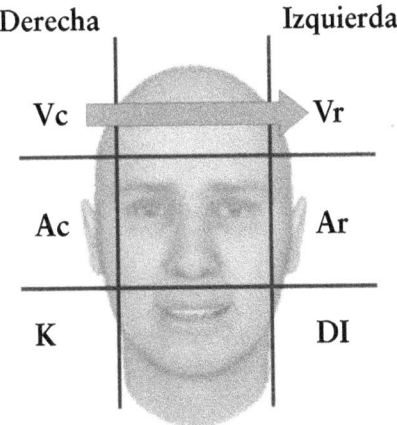

¿No te agrada algo que escuchaste? Realiza el mismo procedimiento. Presumamos que algún profesor te dijo: "Eres un retrasado" –tal como se lo dijeron a Thomas Alva Edison. Cambia esa frase por "eres un genio", en medio, en tu lado derecho. Ahora recuerda a la persona que lo dijo con la frase nueva, así el maestro ahora te dirá: "Eres un genio". Ponte una sonrisa y pásala al lado izquierdo, hazlo muchas veces, hasta que tu cerebro crea que realmente aseveró lo segundo. Este es el camino que seguirán tus ojos:

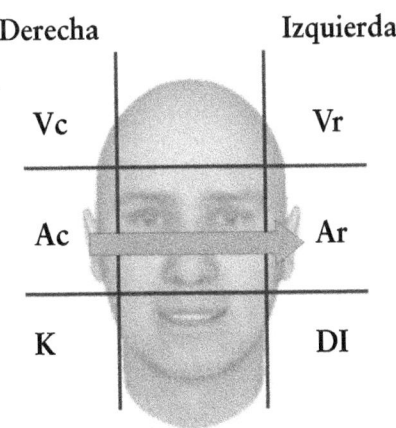

¿Algo que te hicieron sentir o algún olor o sabor te incomoda? ¿Qué hubieras preferido sentir, oler o saborear? Tráelo al presente, coloca tus ojos abajo, a la derecha, y crea esas sensaciones. Ahora cámbialas de lugar, hacia la izquierda. Repite esta operación variadas ocasiones.

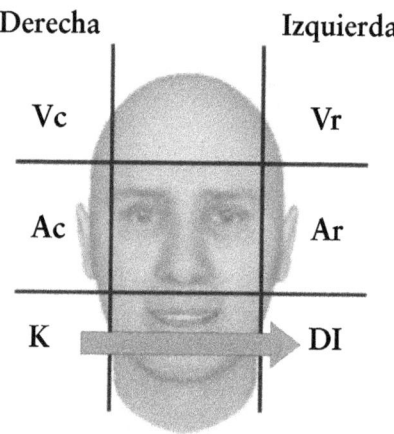

Ya te has dado cuenta con esto que puedes influir sobre los procesos internos con gran resultado. Ahora vamos a analizar los movimientos oculares más complejos, que involucran varias modalidades de comunicación, además de actividades hemisféricas, para que construyas diversos caminos neuronales repletos de recursos. Realiza este ejercicio para que te des cuenta cómo funcionan tus patrones de movimiento oculares complejos. Sigue los siguientes pasos:

1- Piensa en un problema o alguna idea que hayas tenido hace un par de meses.
2- Date cuenta del movimiento de tus ojos.
3- Responde esto: ¿Hacia donde se dirigen? ¿Cuáles son las posiciones oculares que realizas? ¿Se mueven del visual recordado al visual creado e inmediatamente se colocan en el dialogo interno? Date cuenta de todos los movimientos.

4- Compara en cuál de esos patrones de movimiento el problema o idea se aclara y en cuáles se distorsiona.
5- Responde: ¿En qué lugares la calidad de la idea o problema se incrementa? ¿Qué sonidos, imágenes, sensaciones, olores y sabores asocias con los movimientos que has realizado?

Con estos patrones de movimiento ocular, puedes crear sofisticadas formas de pensamiento que te ayudarán a vencer tus miedos, angustia o ansiedad. Observa a las demás personas cómo mueven sus ojos, verás que existen distintas combinaciones, a veces circulares, otras rectangulares e incluso triangulares. Traza estas formas con tus ojos, muévelos formando distintos caminos, descubre las sensaciones que te producen, las imágenes, sonidos, olores y sabores que surgen por esa actividad. Ahora que has realizado esto, modifica el patrón de movimiento ocular, es decir, si estás trazando un círculo en el orden de las manecillas del reloj, hazlo a contrasentido; o si comenzaste el triángulo por abajo, ahora inícialo desde arriba. ¿Es el mismo efecto? ¿Qué cambia?

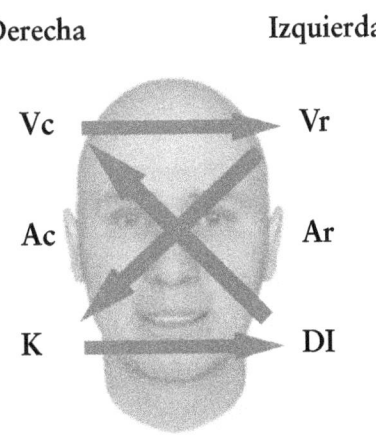

Así, como los ejercicios que has realizado, trae un problema que desees modificar y descubre qué patrón de movimiento ocular es el adecuado para él. ¿Cuándo se enfatiza el problema y cuándo se resuelve? ¿Con qué movimientos? ¿Te das cuenta de la calidad del sonido, las imágenes, las sensaciones, los olores y sabores? ¿Qué olores, sabores, sensaciones, imágenes y sonidos asocias con tu problema?

Esos patrones te servirán para modificar una conducta no deseada o reforzar algo que deseas establecer como estrategia para el cambio en tu vida. Con el uso de patrones oculares romperás tus maneras cotidianas de pensar, todo gracias al acceso de tus procesos internos. Cuando apliques esa técnica en tu vida, esos movimientos los usarás como una herramienta para cambiar tus pensamientos habituales. También puedes crear un recuerdo (o experiencia) que nunca haya sucedido en tu vida a partir de esos movimientos. Éste podrá ser almacenado en tu mente como si realmente hubiera ocurrido. Por ejemplo, supongamos que deberás hablar frente al público, pero es tu primera vez y sientes temor por ello. Obviamente, si ya tuvieras muchas exposiciones ante una audiencia, sería más simple y tu miedo disminuiría considerablemente. Esto es sencillo de realizar, sigue estos pasos:

1- Imagina que estás frente al público. Todos admiran tu presentación excepcional del tema, sonríen complacidos, aplauden con gran entusiasmo y se levantan de su asiento para brindarte una ovación de pie.

2- Coloca esa imagen, sonidos y sensaciones arriba, a tu derecha, después mueve tus ojos hacia la izquierda, arriba. Repite esto tres veces.

3- Ahora, haz lo mismo en medio hacia la derecha. Ahora, hacia la izquierda. Haz lo mismo en tres ocasiones.

4- Baja tus ojos, a la derecha, observando la imagen, sensaciones y sonidos. Pásalos a tu izquierda y repite esto en tres ocasiones.

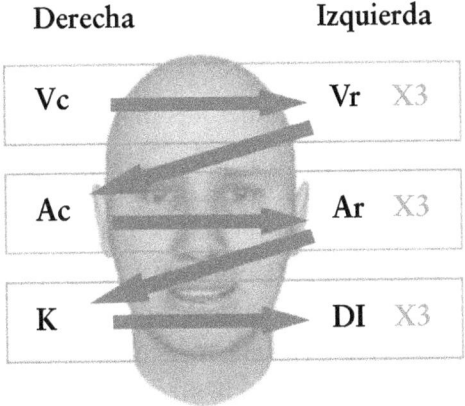

¿Qué pasa? ¿Qué sonidos llegan a tu mente? ¿Qué imágenes y sonidos se muestran en tu mente? Con este simple ejercicio y su repetición lograrás que ambos hemisferios supongan que ya han vivido esa situación, alterando tu experiencia de tiempo y espacio, otorgándote mayores recursos mentales para controlar tu miedo. Esto lo puedes realizar con cualquier situación incomoda o que te cause molestias.

Una modificación de este ejercicio puede ser la siguiente:

1- Imagina que estás hablando frente al público, dominas la situación y todos disfrutan de tu exposición.
2- Mueve los ojos arriba a tu derecha arriba. Ahora observa la sonrisa de apoyo de todos los asistentes, disfruta la luz que ilumina todo el lugar y date cuenta de todos los detalles. Con esas imágenes, mueve tus ojos hacia la izquierda. Repítelo tres veces.
3- Ahora, mueve los ojos hacia el medio, a la derecha. Escucha todas las ovaciones que te otorga el público, disfruta los sonidos armónicos que inundan el lugar e identifica el lugar de donde provienen los aplausos. Mueve tus ojos a la izquierda. Haz las tres repeticiones.

4- Con los ojos abajo a la derecha, disfruta la sensación de poder que te otorga el dominio del público, siente la calidez humana que inunda el lugar y saborea el éxito. Ahora mueve tus ojos a la izquierda, abajo. Repite esto en tres ocasiones.

Como puedes darte cuenta, las imágenes, sonidos y sensaciones que debes experimentar en este ejercicio son externos. Haz lo mismo pero de manera interna, es decir, en lugar de "disfrutar la luz que ilumina todo el lugar", disfruta la claridad de las imágenes que entran en tu mente. Hazlo con las imágenes, sonidos, sensaciones, olores y sabores. Recuerda que el hemisferio derecho procesa imágenes, por eso crear una, aunque nunca haya sucedido, hará que el izquierdo genere patrones de lenguaje que reforzarán la creencia de que en realidad pasó, además de registrar en la memoria ese supuesto hecho. Cuando repites tres veces una aparente "verdad", tu cerebro la integrará a su repertorio de información como tal. De hecho, cuando tienes una idea y le sumas tres razonamientos, tendrás una creencia. Por ejemplo, si alguien te dice que existen microbios tan dañinos que podrían matarte y te ofrece tres razonamientos: cuando hay polvo se reproducen con facilidad, el aire los transporta y las personas sucias los portan; logrará instalar una creencia en ti, entonces, te pasarás el día entero lavándote las manos y limpiando tu casa para evitar que te invadan microbios. ¿Te parece conocido este ejemplo? Por el contrario, si instalas en tu mente una idea y tres razonamientos positivos, no tendrás freno alguno. En uno de mis libros escribí un ejemplo:

Supones que es fácil ganar dinero, investigas y lees la historia de un triunfador que hizo dinero en poco tiempo; entonces, infieres que si él pudo, tú también. Sigues investigando y conoces a otras dos personas, les preguntas cómo lo hicieron y ellos te lo explican, entonces sintetizas su método y comienzas a aplicarlo a tu vida. Ahora ya tienes varios razonamientos, por tanto generas una creencia: ¡Es fácil ganar dinero! (y, realmente, es fácil ganar dinero, solo falta saber cómo).

Ahora tú decides qué tipo de ideas y razonamientos deseas colocar en tu mente.

Controla tu pasado, presente y futuro

Tal vez las cosas que viviste en el pasado te estén incomodando ahora, en tu presente, o te angustias por el futuro. Si esto te está sucediendo, te ayudaré para controlarlos explicándote una técnica en las siguientes líneas. Si recuerdas, anteriormente hemos trabajado con el presente, pasado y futuro, teniéndolos como consejeros; ahora vas a darles un lugar a esas tres modalidades de tiempo, para que no te molesten con recuerdos o ideas anticipadas.

Te pido que le otorgues un lugar físico al pasado, al presente y al futuro, tomando como referencia tu cuerpo. ¿Dónde está tu pasado? ¿Delante de ti? ¿Detrás de ti? ¿A un lado? La mayoría de las personas afirman que se encuentra detrás, a sus espaldas, por esa razón no es admirarse que el pasado "lo lleven a cuestas" o que "les pese". ¿Y el futuro? Muchos dicen que está enfrente de ellos. ¿Dónde ubicas tu presente? Supongo que en el mismo lugar donde estás tú. Si los tienes de esa manera (pasado atrás y futuro adelante), será difícil que los controles, ya que el pasado no te permitirá verlo, pero sí actuará sobre ti; mientras que el futuro en algunas ocasiones te estorbará. Por eso, debes cambiarlos de orden. Imagina que estiras tus brazos, gíralos y coge el pasado con la mano derecha y el futuro con la izquierda. Muévelos, sin dejar de tensar tus extremidades, hacia tus lados. De tal forma que a la derecha de tu cuerpo quede tu pasado y al otro extremo, el futuro. Ahora, puedes observarlos con detenimiento, ya que es más sencillo de esa forma, además, los controlas mucho mejor, pues ves, escuchas, sientes, hueles y degustas momentos de cada uno de ellos, sin mayor problema.

Tal vez, ya te hayas dado cuenta de que anteriormente, cuando te solicité que los tuvieras como consejeros, te pedí que los ubicaras en lugares diferentes (pasado a tu izquierda y futuro a la derecha). Esto se debe a que este último ejercicio emplea tu cuerpo para llevarlo a cabo, y las funciones en el cuerpo siguen un patrón cruzado con respecto a las actividades de los hemisferios. Así, cuando utilizas la mano derecha, el cerebro izquierdo es el que está en acción y cuando usas la izquierda es el derecho.

¿Y si utilizaras las submodalidades descritas anteriormente para mejorar el control de la línea del tiempo? Vas a hacerlo con estos ejercicios. Ubícate en el pasado, no te olvides que está a tu lado derecho. Gírate para verlo. ¿Dime cómo lo describirías? ¿Es brillante u opaco? ¿Grande o pequeño? ¿En blanco y negro o a todo color? ¿Está lejos de ti o cerca? ¿Lo ves como imagen (fijo) o como película (con movimiento)? Si lo notas brillante, grande, a color, cerca de ti y como película, lo mejor es que hagas lo contrario. La razón es simple, si tu pasado es muy nítido, tendrás una concepción mental de "vivir en el pasado", ya que se asemeja mucho a la realidad, o sea, a tu presente. Por tanto, lo primero que debes hacer es alejarlo de tu presente y darle el lugar que le corresponde (el de pasado, y no lo vives ahora, solo debes recordarlo).

Las anteriores fueron submodalidades visuales, también puedes hacerlas con las auditivas y kinestésicas. Por ejemplo, si el pasado tiene sonidos armoniosos, haz que tenga mucho ruido; si tienen ritmo, transfórmalos en arrítmicos. Para la kinestesia, puedes transformar el dulce olor del pasado en uno fétido. Como puedes darte cuenta, se trata de que mantengas lejos del presente a tu pasado, de cualquier forma, ya tuvo su oportunidad: ahora le corresponde a tu presente ayudarte a disfrutar tu vida diaria. Con las submodalidades también puedes transformar tu futuro: si "ves un destino negro", ¿qué te impide ver un "destino luminoso"? Dale al mañana los colores, formas, sonidos, ritmos, olores, sabores y sensaciones que desees; estos te ayudarán a mejorar en muchos aspectos, por lo menos, ahora esperarás que el futuro llegue cuanto antes. Ahora que has dado características a tu línea del tiempo, puedes enviar las preocupaciones a un sitio adecuado. No te angusties por lo que va a venir, como es obvio, todavía no pasa y podrían ocurrir muchas cosas antes de que llegue; mejor, pregúntate en tu presente qué puedes hacer con ellas. Si es algo que te preocupa de tu pasado, déjalo ahí, ese es su lugar. En tu pasado coloca todos los recuerdos, en tu presente tus soluciones y en el futuro tus ideales. Suena poético, pero esa es la realidad. No te compliques la vida tratando de solucionar algo del pasado o algo que va a suceder, mejor concéntrate en el presente, para encontrar soluciones en tu aquí y ahora.

Alimentación y Música para controlar tu Ansiedad, Temor o Angustia

Además de la mera incapacidad, existen otros obstáculos para alcanzar la verdad espiritual. Uno de ellos es el conocimiento adquirido externamente.

Al-Gazzali

¿Qué pasaría si al tanque de gasolina de tu vehículo lo llenaras con agua? Simplemente no funcionaría el motor y, obviamente, no te llevaría a ningún lado, ya que no es el combustible adecuado. ¿Y si le pusieras agua a las llantas de tu motocicleta o bicicleta? Dudo que pudiera moverse con soltura. En ambos ejemplos, no lograrías movilizar esos vehículos porque no es el combustible o el elemento necesario para hacerlo. Es lo que pasa con tu cuerpo. Si le proporcionas una alimentación incorrecta, no funcionará como es debido, acarreándote problemas constantemente. Alimentarse no solo debe ser un acto de ingesta de sustancias y productos, una nutrición adecuada debe procurar lo siguiente:
- Ayudar al crecimiento en las primeras etapas de la vida.
- Reparar los tejidos.
- Mantener la temperatura normal del cuerpo.
- Ofrecer la energía necesaria para la actividad corporal.

Un cuerpo mal alimentado pronto comienza a destruirse, ya que las pésimas prácticas alimenticias afectan a sus componentes más esenciales: sus células. Éstas son un componente principal e insustituible de todo ser vivo. En el ser humano,

todas las funciones vitales emanan a partir de ellas. Existen dos requisitos indispensables para el correcto funcionamiento de las células:
1- Nutrición adecuada.
2- Rápida y completa eliminación de los desechos metabólicos.

Cualquier ser vivo necesita estos para vivir adecuadamente; si no los cumpliese, su cuerpo enfermaría. La acumulación de desechos metabólicos causa una toxemia, que terminaría con la vida celular rápidamente. Por eso, es importante que el humano no descuide su alimentación, ya que de ella depende la excreción adecuada de las toxinas, además de proveer los nutrientes necesarios para su supervivencia y la estimulación adecuada de sus procesos mentales. Esa acumulación de toxinas se incrementa con el consumo de productos industriales, por lo que se debe evitar o por lo menos moderar su ingesta. Si consumes productos con aditivos y colorantes químicos como "pastelitos", refrescos, sopas instantáneas o helados; estimularás de manera excesiva la actividad del páncreas, provocando que produzca más insulina. Ésta última es una hormona polipeptídica, que ayuda a los azúcares obtenidos por la alimentación a llegar a las células del organismo para suministrar energía. Al incitar de esa forma el páncreas lograrás que la anemia aparezca y, por consiguiente, uno o varios trastornos mentales por causa del exceso de insulina en la sangre. La sentencia entonces es implacable: la desnutrición causa cientos de problemas, incluidos los mentales. Por eso, debes tener un especial cuidado en tu alimentación.

La carencia de vitaminas, minerales y aminoácidos son las culpables de muchas enfermedades físicas y mentales. Por eso, te insistiré que debes mejorar tu alimentación, así evitarás muchos problemas, entre ellos la ansiedad, el temor y angustia.

Naturismo

El ser humano en la antigüedad buscó la cura de sus enfermedades por medios naturales, por ello utilizó hierbas, vegetales y frutas, además de terapias como el ayuno. En tiempos más recientes ha abandonado esa práctica, adquiriendo más enfermedades por los efectos secundarios que provocan la mayoría de sustancias químicas. En la prehistoria ya se tienen registros del uso de plantas para curar diversos males. Y las distintas civilizaciones del mundo han preferido el vegetarianismo para prevenir las enfermedades. Por ejemplo, en Grecia, Pitágoras fue un gran promotor de la práctica vegetariana, incluso prohibió comer carne a sus discípulos, manifestando que era un alimento insano, que embotaba la inteligencia. Platón, también fue vegetariano, además de Epícuro, Benjamín Franklin, George Gordon Byron, Jules Michelet, Federico Mistral, Richard Wagner, Voltaire, Arthur Schopenhauer, Jean Jacques Rousseau y Leon Tolstoi. Todos ellos aportaron grandes conocimientos a la sociedad por sus obras, y no hay registro de que experimentaran estados de ansiedad. La primera sociedad vegetariana de la era contemporánea se fundó en Inglaterra, en el año de 1848; le siguió Alemania, en 1868; para continuar en Estados Unidos, Austria, Holanda, Bélgica, Rusia, Francia y España. La práctica vegetariana es garantía de salud corporal y mental, ya que previene miles de enfermedades y cura otras más.

A este ejercicio se le llama también naturismo. De ahí que la terapia por ese medio reciba el nombre de naturopatía, que es un sistema de curación basado en la utilización de sustancias exclusivamente naturales, evitando las drogas o la química para el tratamiento de las enfermedades. La primera regla en el naturismo, y lo que deberás observar para tener una buena salud (así como controlar la ansiedad), es evitar el consumo de carne. Pitágoras, considerado como el padre de las matemáticas, tenía razón al prohibir a sus dis-

cípulos el consumo de la carne, ya que el humano no está preparado para alimentarse de ella. Estas son algunas diferencias anatómicas entre nosotros y los animales carnívoros que lo confirman:
- Dentadura. Los animales carnívoros poseen colmillos curvos, con forma de garfios, para apresar, sujetar y desgarrar la carne de sus presas; y los molares (muelas) están diseñados para masticar carne cruda. Los humanos poseemos características dentales semejantes a los animales frugívoros: nuestros dientes están hechos para triturar frutos secos, hierbas, verduras o frutas, al igual que los monos o ardillas. Los carnívoros no pueden mover horizontalmente su quijada, mientras que los herbívoros si, comparando su actividad con la de un molino que tritura la comida y no la desgarra en grandes trozos, como los felinos.
- Extremidades. Los carnívoros tienen garras que les ayudan a cortar la carne, mientras que el humano y otras especies frugívoras tienen dedos para prensar y separar la cáscara de los frutos.
- Saliva. La de los humanos y primates es muy diferente a la de los felinos: la nuestra tiene fermentos digestivos menos potentes que los carnívoros. Cuando éstos comen, no mastican, sino que impregnan de saliva su alimento para ayudar al estómago a digerir la carne. Puedes observar que los perros y, en general, los felinos tienen mayor salivación. Nosotros tenemos una saliva poco ácida y muy alcalina, inútil para digerir la carne.
- Jugos gástricos. Los animales carnívoros poseen hasta doce veces más jugos gástricos que los humanos, con los que digieren rápidamente la carne. Por eso, cuando la consumes te sientes "lleno", carente de energía, ya que no tienes las sustancias necesarias para la adecuada digestión. Cuanto más carne comas, tu estómago más en exceso funcionará, segre-

gando más jugos gástricos; lo que da lugar a la hiperclorhidria, que traerá como consecuencia una úlcera gástrica.

Como puedes darte cuenta, el humano no nació para consumir carne, y son muchos los problemas que te acarreará hacerlo, por eso mejor evítala. Ya sé lo que estarás pensando: "Pero nuestros antepasados eran solamente carnívoros". Eso es lo que nos han hecho creer durante años, pero hallazgos recientes rompen con el mito de que el humano de la antigüedad se alimentaba exclusivamente de carne. Ahora se ha descubierto que comían más frutos secos, frutas y verduras; y que solo cazaban para obtener las pieles de los animales, comiéndolos en raras ocasiones, entre ellas, en periodos de invierno, en los que no podían encontrar productos vegetales. Cuando se hizo sedentario, eso ya no pasó, porque tenía la posibilidad para sembrar y cosechar su alimento. Al parecer, los humanos integraron la carne a sus dietas por costumbre, más que por necesidad, ya que después de establecerse en un lugar fijo, supusieron que sus antepasados acostumbraban consumir carne de los animales como parte de su dieta. Por eso, se ha continuado esta acción desde hace miles de años, aunque no se consumía con tanta frecuencia como en los últimos siglos. El naturalista francés George Cuvier, dijo en uno de sus artículos algo muy significativo para sustentar lo expuesto:

> *La anatomía comparada nos permite ver que el hombre se parece en todo a los animales frugívoros, y en nada a los carnívoros. La carne muerta solo es susceptible de ser masticada y digerida por el hombre si se la disfraza y se la hace más tierna con preparativos culinarios; así, la vista de carnes crudas y sangrantes nos produce horror y repugnancia.*

Como te decía, el humano come carne sin saber si tiene ventajas o no para su salud, no se cuestiona absolutamente nada, aunque si fuera testigo de la matanza del animal, dudo mucho que la siguiera consumiendo. A Pitágoras, filósofo que he mencionado anteriormente, se le otorga la autoría de estas palabras:

¡Oh, compañeros! No den a sus cuerpos comidas pecaminosas. Tenemos maíz, manzanas, uvas que doblan las ramas con su peso. Existen hierbas dulces y vegetales que pueden ser cocinados y suavizados con el fuego; y a ustedes no se les raciona ni la leche ni la miel. La tierra nos da una inmensa cantidad de riquezas de inocentes alimentos y nos ofrece banquetes que no involucran derramamientos de sangre ni matanzas. Solo las bestias satisfacen su hambre con carne, y ni siquiera todas ellas.

La carne es dañina para tu salud, no hay vuelta de hoja. Una de las razones más importantes para no consumirla es que provoca la fermentación de los alimentos, en lugar de procesarlos por quimificación, lo que provoca que las propiedades de las frutas y verduras no estimulen adecuadamente a tu organismo, haciéndolas ineficaces. Así, aunque consumieras frutas o verduras, que podrían aportarte componentes para que estuvieras relajado, tu organismo no los aprovecharía, por estar fermentándolos. No olvides que el cerebro necesita glucosa para poder funcionar adecuadamente, la cual obtiene de las frutas, si comes carne no podrá realizar la quimificación para adquirirla de ellas.

Existen diversas opciones para prescindir de la práctica carnívora, entre ellas se encuentra el consumo de la soja y sus derivados. La soja es una leguminosa que se ha consumido por diversas culturas desde hace cientos de años. Sus semillas son ovaladas y de color amarillo o negro; y cuando se procesa, se obtiene la leche de soja, el tofu, el jugo, la salsa y la "carne" de soja. Son múltiples ventajas las que ofrece este alimento:

- Las proteínas que aporta al organismo son altas.

- Tiene una adecuada composición de aminoácidos. Contiene los nueve esenciales vitales para el crecimiento humano, la reparación y la restauración de tejidos.
- Contiene hidratos de carbono, la mitad es fibra, por ello la cantidad de grasa es mínima.
- La grasa de la soja es insaturada y sin colesterol.
- Es rica en ácidos grasos omega-3, útiles para la conformación y formación del sistema nervioso central y de la retina del ojo; además de ser reforzadores del sistema inmunológico.
- Contiene unos compuestos llamados isoflavonas, antioxidantes que previenen el cáncer.
- Permite al cerebro producir neurotransmisores dopamina y norepinefrina, responsables de un nivel adecuado de atención en la persona.
- Contiene las adecuadas cantidades de magnesio que necesita el cuerpo.

Como puedes darte cuenta contiene elementos necesarios para evitar la ansiedad, como el magnesio y los ácidos omega-3, los cuales si faltan en el organismo producen distintos problemas en el sistema nervioso, incluida esa enfermedad.

Los alimentos que curan y enferman

El cerebro necesita de varios nutrientes para trabajar adecuadamente, además de glucosa y agua. Los alimentos que ingieres a diario deben tener estos elementos, para que tu cuerpo y tu sistema nervioso trabajen adecuadamente. La glucosa es una forma de azúcar que se encuentra en las frutas, y es un elemento que proporciona energía al cuerpo y a sus células, incluidas las neuronas. El agua es el líquido más conocido en la naturaleza, importante para el cuerpo humano, debido a que la mayoría de sus procesos químicos tienen lugar entre sustancias disueltas en agua.

"Come para vivir y no vivas para comer", dice el refrán y está en lo correcto. Esta sociedad consumista nos ha llevado a ingerir alimentos que nos "llenen", pero no nos nutran. Creemos que comer es un acto meramente secundario, cuando es todo lo contrario; sin una adecuada dieta, nuestro cuerpo no trabaja adecuadamente y las neuronas no crean nuevas uniones, necesarias para cambiar las conductas. La mejor forma de curarse consiste en averiguar las causas que producen la enfermedad y los nutrientes que nos ayudan a controlarlas o erradicarlas.

Es un hecho que existen productos que nos curan o enferman, por eso debemos conocerlos, para hacerlos nuestros aliados o evitarlos. Una dieta completa, que cure un padecimiento, debe incluir los elementos necesarios para la buena salud y el funcionamiento integral del organismo, siempre considerando nuestra estructura física y mental. En este espacio del libro conocerás los neuronutrientes necesarios para ayudarte a controlar la ansiedad, disminuir el temor y erradicar la angustia. También, aprenderás sobre los alimentos recomendados y los que debes evitar para obtener una excelente salud y, así, controlar esos padecimientos.

Neuronutrientes

No comas solo para no tener hambre, procura alimentarte para tener una buena salud. Observar esto también te proporcionará defensas para tu organismo y evitar la ansiedad, el miedo y la angustia. Algunas vitaminas y minerales te ayudarán a establecer el correcto equilibrio en tu cuerpo para no experimentar ansiedad. Debes procurar incluirlos en tu dieta diaria para tonificar tu sistema nervioso; de ahí el nombre de neuronutrientes. A continuación, leerás sobre los principales neuronutrientes y sus consideraciones generales, para que los integres en tu dieta diaria.

Vitamina B1 *(Tiamina)*

Es una vitamina hidrosoluble. La vitamina B1 o tiamina es necesaria para una correcta transmisión de las señales eléctricas y nerviosas, por eso es muy importante su consumo. Se debe preferir ingerirla en productos naturales y evitar los de complementos alimenticios en inyecciones o por vía oral, ya que pueden causar reacciones alérgicas en algunos casos. Puedes encontrar la tiamina en estos alimentos: habas, avellanas, maíz, pan integral, ciruelas secas, higos secos, ajo, ostras, pasta, coliflor, huevo, champiñón, naranja y pasas. Cuando existe una deficiencia, la persona presenta:
- Irritabilidad.
- Inestabilidad emocional.
- Depresión mental o emocional.
- Pérdida de apetito.
- Confusión mental.
- Colon perezoso.
- Falta de coordinación.
- Fatiga.
- Pérdida de la memoria.
- Nerviosismo.
- Debilidad o deterioro muscular.
- Adormecimiento o ardor en las manos o pies.
- Retención de líquidos en manos o pies.
- Tolerancia reducida al dolor.

Vitamina B3 *(Niacina)*

Otra vitamina hidrosoluble. Es necesaria para el sistema nervioso central y para la producción de energía; interviene en el proceso de varios neurotransmisores, entre ellos la serotonina. La puedes adquirir en: leche, pescado, huevos, queso, legumbres, semillas de girasol o sésamo, cereales completos y levadura de cerveza. Su deficiencia, provoca:

- Pérdida de apetito.
- Cansancio.
- Pirosis (comúnmente conocidas como agruras).
- Depresión.
- Irritabilidad.
- Dermatitis rojiza, escamosa e inflamada.
- Desorientación.
- Ideas delirantes y alucinaciones.

Vitamina B5 (Ácido Pantoténico)

Esta vitamina está presente en la mayoría de productos de la naturaleza, aunque es fácilmente destruida por el calor de los asados, de la cocción al horno y por los procesos de enlatado y congelación. Es necesaria para soportar el estrés físico y emocional, ya que ayuda a la síntesis de los glóbulos rojos en la sangre, a las sustancias químicas del cerebro y al colesterol. Aunque se adquiere en casi todos los productos naturales, la encuentras en altas concentraciones en los cacahuates, el trigo y su germen, la levadura de cerveza, el salvado, la yema de huevo y el brócoli. Debido a que esta vitamina se encuentra en muchos productos, la deficiencia del ácido pantoténico es muy rara, por lo regular aparece después de las diez semanas de no consumirla, entonces provoca:
- Dolores del abdomen.
- Pérdida del cabello.
- Pérdida de coordinación.
- Insomnio.
- Disfunción del sistema neurológico.

Vitamina B6 (Piridoxina)

Nuestro cuerpo necesita esta vitamina para metabolizar correctamente las proteínas y ácidos grasos esenciales y, así, poder utilizar las reservas de glucógeno o almidón muscular que pro-

ducen sustancias químicas, que utiliza el cerebro para su correcto funcionamiento. La vitamina B6 la encuentras en la soja, el plátano, el atún, el salmón, las habas, la levadura de cerveza, las nueces, los cacahuates y los aguacates. Su deficiencia produce:
- Acné.
- Caída del cabello.
- Anemia.
- Pérdida de apetito.
- Nauseas.
- Agrietamiento de las comisuras labiales.
- Úlceras en la boca.
- Somnolencia.
- Cansancio.
- Debilidad.
- Difícil cicatrización de las heridas.
- Irritabilidad.

Vitamina B12 (Cobalamina)

Esta vitamina interviene en la división celular y en todas las actividades de las células. Además, es una vitamina con actividad protectora sobre las terminaciones nerviosas. Se encuentra en altas concentraciones en los productos de origen animal, en la leche en polvo y los quesos. El organismo solo requiere una pequeña cantidad de ella, la cual puede encontrarse en las espinacas para, así, evitar los alimentos provenientes de los animales. Los síntomas relacionados con su deficiencia son:
- Anemia.
- Estreñimiento y cólicos.
- Cansancio.
- Malhumor.
- Depresión.
- Malestar.

- Dolores de cabeza.
- Irritabilidad.
- Adormecimiento.

Vitamina C

Es un gran elemento antioxidante. El cuerpo no la puede asimilar, por eso, es necesario su consumo constante. La ansiedad, la angustia y el miedo provocan su pérdida, originando una disminución en los procesos eliminadores de toxinas y en los regenerativos. La vitamina C ayuda a producir norepinefrina y serotonina, ambos neurotransmisores relacionados con las emociones en el humano. Por eso, es importante consumirla constantemente. Se encuentra en el brócoli, en todos los cítricos (limón, naranja, toronja, etc.), en fresas, melones, tomates, espinacas y nabos. Cuando falta en el organismo, produce:
- Encías sangrantes.
- Aflojamiento de los dientes.
- Caída del cabello.
- Piel reseca.
- Irritabilidad.
- Cansancio.
- Pérdida de la sensación de bienestar.
- Depresión.

Calcio

Es un mineral útil para el mantenimiento del sistema óseo y del sistema vascular. Además, tiene tareas esenciales en el organismo, como la coagulación de la sangre, la generación y la transferencia correcta de los impulsos nerviosos de las neuronas y la liberación de varias hormonas. Presente en las verduras, como la col de Bruselas, la col, la coliflor y los espárragos; en la yema de huevo; en las legumbres, como las alubias y lentejas; en los frutos secos; en el

tofu y los productos lácteos. Su deficiencia en el cuerpo provoca:
- Agitación.
- Hiperactividad.
- Irritabilidad.
- Nerviosismo.
- Insomnio.
- Delirios.
- Depresión.
- Enfermedades de las encías.
- Sensación de entumecimiento u hormigueo en las extremidades.
- Ansiedad.

Magnesio

Es un mineral sumamente importante para realizar muchas de las reacciones enzimáticas del cuerpo. Además, la producción de energía, la metabolización de la glucosa y la oxidación de los ácidos grasos necesitan magnesio para llevarse a cabo. Aunque se encuentra en todos los alimentos; las semillas, legumbres, nueces y frutos secos lo contienen en mayor proporción. Su deficiencia provoca:
- Anemia.
- Pérdida de apetito.
- Trastornos del ritmo cardiaco.
- Ansiedad.
- Depresión.
- Confusión mental.
- Sobresalto.
- Nerviosismo.
- Inquietud.
- Entorpecimiento muscular.
- Alteraciones en la presión sanguínea.
- Baja temperatura corporal.

Fósforo

Es un mineral que interviene en las reacciones químicas del organismo. Además, provee resistencia a los huesos y dientes. Se encuentra en la mayoría de alimentos, pero en altas concentraciones en frutos secos, legumbres y verduras. Su deficiencia está asociada con:
- Pérdida de apetito.
- Pérdida de peso.
- Debilidad y cansancio.
- Ansiedad.
- Sensaciones de adormecimiento y hormigueo.
- Neurosis.

Selenio

Es un mineral antioxidante; colabora para la correcta absorción de la vitamina E y C, para controlar el envejecimiento de los tejidos del cuerpo, causado por los radicales libres. Lo puedes encontrar en los mariscos, cereales y semillas. La falta de selenio provoca:
- Colesterol elevado.
- Infecciones frecuentes.
- Mal funcionamiento del hígado y del páncreas.

Alimentos que curan

Conocer las propiedades de cada alimento nos será útil para decidir cuáles debemos consumir y los que tenemos que evitar. Los alimentos tienen componentes terapéuticos para fortalecer nuestro cuerpo, estimular adecuadamente el sistema nervioso y evitar enfermedades. Si consumes alimentos sanos y que aporten elementos benéficos a tu organismo, la formación de nuevos tejidos, la energía y el equilibrio fisiológico serán inminentes. Para alimentarte sanamente no debes olvidar consumir vitaminas, mi-

nerales, fibras, carbohidratos y proteínas. Estos alimentos son recomendados para disminuir la ansiedad, el miedo y la angustia:
- Aguacates. Por sus elevadas cantidades de ácidos grasos esenciales omega-6, fosfolípidos, vitamina E, hierro y vitamina B6.
- Almendras. Con sus nutrientes fortalecen los nervios y tonifican los músculos; contienen calcio, magnesio y potasio, por ello, son recomendadas para el equilibrio del sistema nervioso en general.
- Anacardos (también conocidos como nuez de acajú). Son ricos en magnesio y vitaminas B1 y B2.
- Avena. Aporta hidratos de carbono, ácidos grasos esenciales y vitaminas del grupo B.
- Cereales integrales. Ofrecen hidratos de carbono y vitaminas del complejo B.
- Espinacas y brócoli. Contienen altas cantidades de ácido fólico, entre otras vitaminas y minerales.
- Frutos secos, como los aguacates. Son ricos en ácidos grasos esenciales, también lecitina y fósforo.
- Garbanzos. Con proteínas, hidratos de carbono y vitaminas del grupo B.
- Germen de trigo. Tiene proteínas, grasas insaturadas, vitaminas y minerales que ayudan a tonificar el sistema nervioso.
- Lechuga. Su acción relajante en el sistema nervioso es conocida por todos.
- Miel. También tiene un efecto relajante como la lechuga.
- Plátano. Con gran cantidad de vitamina B6, hidratos de carbono, potasio y magnesio, vitaminas y minerales, cuya carencia produce ansiedad en el ser humano.

Son varios los estudios que señalan el vínculo entre comer adecuadamente y sentirnos mejor, relajados y felices. Evita la "comida basura" o industrializada y prefiere los alimentos naturales, ya que estos últimos producen sustancias para estimular los procesos cerebrales.

Alimentos que enferman

Al igual que existen alimentos que te ayudan a controlar el temor, la angustia y la ansiedad, existen otros que los producen. Por eso, debes conocer algunos alimentos que podrían causar que tu enfermedad se agrave. Además de evitar el consumo de azúcar refinada, debido a que produce en el cuerpo un exceso de energía, así como una caída súbita del estado del ánimo; debes prescindir de estos componentes:

- Cafeína. La ingesta de cafeína produce ansiedad y tensión, por eso debe evitarse. Esta sustancia está presente en el café, en las bebidas de cola, en el chocolate (por el cacao) y en los medicamentos analgésicos, antigripales y descongestionantes.
- Nicotina. Es un poderoso estimulante, que produce vasoconstricción, aumenta el estado de alerta o vigilancia y acelera el corazón. Este componente está presente en el tabaco.

Musicoterapia

Desde que un óvulo fecundado se coloca en el útero materno, los sonidos acompañan al nuevo ser. Escucha los ritmos provocados por una orquesta formada por los órganos de la madre, las pulsaciones cardiacas y la respiración. Imagina por un instante la variedad de sonidos que escuchaste dentro del vientre de tu madre: te provocaban tranquilidad y te hacían sentir seguro, parte de algo y alguien. Cuando naces y te separas de tu madre, la angustia se hace presente. De ahí que los sonidos semejantes a los escuchados en nuestra etapa en la placenta nos aporten tranquilidad, ya que nos recuerdan esa hermosa etapa. Por ejemplo, está plenamente documentado que para calmar los llantos del bebé, se debe amamantarlo del lado izquierdo, donde está el corazón. El nacimiento marca la primera separación, a la que le seguirán miles. Por eso, Otto Rank, psicoanalista austriaco, afirmaba que la ansiedad experimentada en el nacimiento será el modelo de todas las experiencias de ansiedad futuras. Según este autor, siempre te angustiarás debido a las separaciones que regirán tu vida psicológica.

Pero la música te acercará a esa unidad con la madre, creando con sus vibraciones estados muy semejantes a los experimentados en tu desarrollo fetal. Existen investigaciones que demuestran la relación entre sonidos semejantes al latido cardiaco y la relajación de bebés demasiado inquietos. Son muchos los investigadores que han descubierto que los sonidos semejantes al latido del corazón pueden usarse para relajar a una persona con angustia. Esto se explica por lo escrito anteriormente.

No podemos concebir la vida de un individuo sin el respectivo acompañamiento sonoro, inclusive las personas con dificultades o carencias para escuchar tendrán estimulación de este tipo, ya que el cuerpo es vibración, y ésta produce sonidos. La música actúa en el cerebro reptil, en el sistema límbico y en la corteza cerebral; además estimula las frecuencias cerebrales, por eso tiene la capacidad de liberar, dominar y sublimar emociones. La música ha sido considerada, desde tiempos remotos, una herramienta de sanación mental y física, por eso, son muchos los pueblos que la usaron con ese fin. Los sonidos han formado parte de las danzas, combates e incluso curaciones de las civilizaciones más antiguas, debido a los efectos psicológicos que ahora conocemos:

- La comunicación humana se incrementa, tanto digital como analógicamente.
- El cerebro tiende a realizar más asociaciones emocionales y cognitivas.

- Los sentidos se agudizan y la información que ingresa por ellos es de mejor calidad.
- La fantasía se incrementa.
- Hay mayor conocimiento de sí mismo.

Por eso, el psicólogo Colín Rose, en su libro *Accelerated Learning*, aseveró: "La música puede hacer en minutos lo que la práctica de la meditación intenta hacer en semanas". Un sonido o la suma de ellos pueden hacer que te relajes y controles tu ansiedad. La música es parte de nuestra vida y crea imágenes, sensaciones e incluso olores y sabores en nosotros. Son miles las personas que se acercan a ella para recrear estados diversos, en los que logran producir figuras, texturas y sensaciones placenteras para sanar o mejorar en algún aspecto vital.

Existen sonidos que alteran tu estado de ánimo, por ejemplo los producidos por los trenes, aviones, fábricas, cables de alta tensión, vehículos, grandes avenidas, gritos, etc. Si vives cerca de lugares que los produzcan, es comprensible que tu ansiedad y angustia aumenten. La mejor recomendación siempre será evitarlos, pero si no pudieras hacerlo, procura compensar esos ruidos con sesiones de, al menos, una hora escuchando cantos gregorianos. Estos cantos hacen que el sonido proporcione tonicidad y relajación al cerebro, debido a que tienen ritmo pero no tiempo; con ello, se equilibra la respiración, ofreciendo un estado de tranquilidad. Cuando escuchas esos cantos, preparas tu cuerpo para tener respiraciones lentas y reparadoras que influyen en el ritmo cardiaco. Todo por la acción de seguir el paso relajante y sereno, implícito en esos sonidos. Con esos cantos también puedes realizar este ejercicio de disipación de temores:

1- Reproduce los cantos gregorianos a un volumen no muy alto.
2- Cierra los ojos y déjate llevar por los ritmos.
3- Trae algún temor a tu mente, obsérvalo, siéntelo y pon atención a sus sonidos (si los tiene).

4- Inhala, retén tu respiración y exhala.

5- Ahora, cuando retengas el aire, piensa en ese temor como parte del aire; entonces, exhala y date cuenta de como se va con él cuando exhalas.

6- Mientras haces ese ejercicio de respiración y escuchas los cantos gregorianos, disipa ese temor. Cada vez que exhalas, tu temor se escapa de ti, aumentando la tranquilidad y seguridad en ti mismo.

Los cantos gregorianos producen sensaciones de bienestar y equilibran las funciones vitales, además del equilibrio mental por sus sonidos repletos de resonancia vocal. Son varios los estudiosos que afirman que, al escucharlos, la persona desborda entusiasmo y disminuye sus horas de sueño sin faltarle vitalidad. Desde sus orígenes, su finalidad fue la armonía espiritual y psicológica de los monjes mediante su uso, invitándolos a la reflexión. En la actualidad, puede ser utilizado en la oficina, en la casa o en el vehículo propio para alcanzar un estado fisiológico y psicológico de tranquilidad y descanso.

Los sonidos emanados de los acordes o voces tienden a equilibrar la respiración, en especial los de la nueva era o de cantos gregorianos. Ellos hacen que la respiración se vuelva profunda y lenta, relajando la mente. No solo los cantos gregorianos influyen en la respiración, sino toda la música. La respiración, la mayor parte del tiempo, tiene un ritmo armónico, solo se incrementa cuando realizamos alguna actividad como correr o caminar deprisa. También, los latidos del corazón se armonizan con la música, cuanto más rápido sea el ritmo, más latidos se producirán y cuando es lento, disminuyen; sin salir de los parámetros normales de su actividad. Un ritmo cardiaco lento produce tranquilidad y ayuda al cuerpo en su autosanación, pero uno elevado, provoca estrés y angustia.

La música crea una total armonía entre la mente y el cuerpo, preparándolos para formar una unidad con la naturaleza y los propios instrumentos musicales, que evocan estados de seguridad, salud y aprendizaje. Las vibraciones que producen equilibran al cuerpo, estimulan los sistemas visuales, kinestésicos, perceptivos y, obviamente, auditivos, que a su vez incitan al sistema nervioso para mejorar sus funciones. Las respuestas que surgen de la escucha son más elaboradas: la motricidad, la comunicación y la sensibilidad aumentan por los sonidos armónicos, reduciendo las discapacidades intelectuales y físicas. La clasificación de los efectos de la musicoterapia, propuesta por Don Campbell[8], es la siguiente:
- La música barroca (Bach, Handel, Vivaldi, Corelli) te provoca una sensación de estabilidad, orden y seguridad, logrando una estimulación mental que facilita el estudio o trabajo.
- La música clásica (Haydn, Mozart), por su claridad, elegancia y transparencia, te permite mejorar tu concentración, memoria y percepción espacial. Te induce a la relajación y provoca asociaciones mentales que fortalecen los aspectos emocionales, afectivos y físicos.
- La música romántica (Schubert, Schumann, Tchaickovsky, Chopin y Liszt), enfatiza tus sentimientos, mejora la empatía, la compasión y el amor.
- La música impresionista (Debussy, Favre y Ravel) facilita el flujo de emociones y evoca imágenes.
- El *jazz*, el *blues*, el *soul*, el *calypso* y el *reggae* alivian la tristeza, permiten expresar el ingenio y la ironía.
- La salsa, la rumba y la macarena, por ser ritmos vivos y golpeados, aceleran la frecuencia cardiaca, la respiración y estimulan el movimiento del cuerpo.

8- Profesor e investigador de la música y sus efectos terapéuticos.

- La música ambiental o *new age* son buenas opciones para mejorar la habilidad espacio temporal e induce a estados de relajamiento y alerta.
- El *heavy* metal, el *punk*, el *rap*, el *hip-hop* y el *grunge* excitan el sistema nervioso.
- La música religiosa y sacra, como los himnos religiosos y la música espiritual, fomentan sentimientos de paz y conciencia espiritual. También, ayudan al alivio del dolor emocional.

La música produce dos efectos: estimula y seda. Con el primer efecto, aumenta la energía corporal debido a la estimulación de los músculos estriados y las emociones. El segundo efecto provoca la sedación física e intelectual. Todos asociamos los sonidos con eventos pasados, parece ser que tenemos una historia musical que puede servirnos para liberar tensiones y crear un estado de ánimo ideal. La música es una gran herramienta para expresar nuestras emociones y liberarnos de ellas. Los griegos ya se habían dado cuenta de eso, por ello realizaban la denominada "purga de las emociones" en los teatros, donde una persona, por medio de ciertos sonidos, expresaba sus más profundos sentimientos. Aún en la actualidad algunas escuelas psicológicas la utilizan como método catártico. Cuando tengas un síntoma de ansiedad (taquicardia, sudoración, problemas en la respiración, etc.), realiza este ejercicio y te ayudará a comenzar a "purgar tus emociones":

1- Pon de fondo música con sonidos de la naturaleza.
2- Siéntate o acuéstate.
3- Cierra los ojos.
4- Escoge un síntoma de los que tienes.
5- Dale la forma, sonido y textura que desees (por ejemplo, la sudoración, con forma, sonido y textura de un balón de baloncesto).

6- Dirígete a él como si fuera una persona a la que tienes enfrente. Pregúntale qué desea de ti.
7- Escucha, ve y siente lo que intenta decirte y mostrarte. Date tiempo para hacerlo.
8- Respira como ya lo sabes (inhala, retén y exhala).
9- Cuenta del uno al tres y, cuando llegues a tres, exhala todo el aire de tus pulmones mientras imaginas que lanzas tu síntoma fuera de ti. Repite al menos cuatro veces esta "expulsión".
10- Abre los ojos.
11- Reflexiona sobre lo que el síntoma te reveló. Proponte buscar una solución a lo que te mostró para no tener esas sensaciones de nuevo.

Realmente, todos hemos experimentado en alguna ocasión, en mayor o menor medida, una "purga de las emociones". ¿Recuerdas alguna ocasión en que hayas llorado con una canción? O tal vez, mientras escuchas rock, ¿te has imaginado en un concierto, cantando en el escenario frente a miles de asistentes? Eso demuestra el gran poder terapéutico que tiene la música, ya que con esas prácticas has expresado variados sentimientos.

Ritmos lentos harán que tu cuerpo y tu mente se aletarguen, incluso podría hacer su aparición la tristeza. Los armónicos como el latido del corazón te provocan bienestar y los acelerados estimulan tus pulsaciones, elevando tu energía y mejorando tu estado de ánimo. ¿Por qué crees que en los gimnasios se utiliza música electrónica o rock? Si reprodujeran baladas, dudo mucho que las personas tuvieran la motivación necesaria para hacer ejercicio.

Aunque el sonido fue utilizado por civilizaciones antiguas, no ha sido hasta el presente cuando se le ha dado especial importancia. A partir de las investigaciones de teóricos de la musicoterapia, se han encontrado muchos beneficios fisiológicos en la música, entre ellos:
- Según el ritmo, se incrementa o disminuye la energía muscular.

- Acelera y armoniza la respiración.
- Estimula la actividad sanguínea y las funciones endocrinas.
- Reduce o retarda la fatiga.
- Provoca cambios en la electroquímica del organismo.
- Induce cambios en el metabolismo.
- Mejora las funciones digestivas.

Las piezas de música clásica recomendadas para disminuir la ansiedad y la angustia son:
- *Concierto de Aranjuez*, del compositor español Joaquín Rodrigo.
- *Las cuatro estaciones*, de Antonio Vivaldi, compositor del Barroco tardío y sacerdote, que compuso más de 700 obras.
- *Sinfonía Linz número 36*, del compositor austriaco Wolfgang Amadeus Mozart.
- *Concierto para violín*, del compositor y pianista alemán Ludwig van Beethoven.
- *El cisne*, del director y compositor francés de música académica Charles Camille Saint-Saëns.
- *La suite Karalia*, del compositor finlandés de música sinfónica Johan Julius Christian Sibelius.
- Obertura de *Guillermo Tell*, del compositor italiano Gioacchino Rossini.

La música no solo es adecuada para el humano, se ha descubierto que estimula el crecimiento de las plantas y que puede llevar a un aumento en la producción del ganado lechero, ya que evita el estrés, favoreciendo la elaboración de leche. Esos descubrimientos son importantes porque eliminan la duda sobre el posible efecto placebo. Ya que más de una persona podría afirmar que la música solo estimula cuando el individuo sabe que tendrá ese resultado, por tanto, lo consigue. Pero, en animales no hay sugestión alguna.

Utiliza la Autohipnosis para controlar la Ansiedad, el Temor y la Angustia

El éxito es inmediato cuando el esfuerzo es intenso.
Yoga Sutras[9]

Tal vez ya has escuchado de la hipnosis, una técnica practicada desde hace muchos años, incluso por grupos étnicos, que logra alcanzar un estado de trance mediante cantos, bailes o sensaciones. La hipnosis se puede definir como un estado alterado de conciencia, es decir, ya no percibes la realidad como comúnmente lo haces. Cuando alcanzas un trance hipnótico, puedes acceder fácilmente a tu inconsciente, ya que tu consciente deja su puesto de vigilancia, permitiendo que cualquier sugestión pueda ingresar y, con ello, poder obtener diversos beneficios en tu salud y, obviamente, modificar tu proceso de ansiedad, angustia o temor. Pero, para tener una sesión de hipnosis deberás hacerlo con un profesional especializado, quien te guiará en el proceso; aunque existe un modelo de terapia que puedes realizar tú mismo, se llama autohipnosis (hipnotizarte a ti mismo). En ella, tú podrás llegar al estado inconsciente e "instalarte" los mensajes que desees para tu beneficio y tranquilidad. Realizarla es relativamente simple, solo basta seguir esta fórmula:

relajación + imaginación + hablarte a ti mismo = autohipnosis

Aunque no te hayas dado cuenta, muchas veces te has hipnotizado a ti mismo. Recuerdas cuando conociste a tu hombre o mu-

9- El texto más importante del yoga.

jer ideal, ¿cuánto tiempo soñaste con encontrarle, coger su mano y decirle lo mucho que te atraía? Esa experiencia fue muy similar al trance de una hipnosis, en la que perdiste la concepción de tiempo y del espacio para dejarte llevar por tu imaginación, mientras te relajabas y mantenías un dialogo interno contigo mismo. No es la única ocasión. ¿Qué haces cuando escuchas una canción que te agrada? ¿Te das cuenta del tiempo mientras ves tu película favorita? ¿No quisieras que el tiempo dejara de correr mientras disfrutas del calor y la brisa del mar en una playa? Todas estas experiencias son autohipnóticas.

Pero, también tu ansiedad y tus miedos son trances hipnóticos o específicamente autohipnosis. Tal vez, te hayas sorprendido con esta afirmación y podrías pensar: "Eso es mentira". Pero te aseguro que no lo es, tu ansiedad o temor es resultado de un trance que has estado practicando durante mucho tiempo. ¿Acaso no afirmas que es difícil hacer tal o cual cosa? Sin quererlo, has instalado un poderoso mensaje en tu cerebro cuando estabas en trance, ya sea por el miedo que tenías o por la angustia que te consumía; entonces, colocaste información en tu mente para evitar volar en avión, salir de tu casa, acercarte a las personas, etcétera.

Ahora es tiempo de que combatas el fuego con fuego: con estos pasos para la autohipnosis, lograrás desinstalar muchos de los programas que tienes en tu cerebro, mensajes absurdos, pero que te hacen daño, e instalarás muchos nuevos, con gran poder para cambiar tu vida y para ser exitoso.

¿Cómo autohipnotizarte?

Ahora que sabes que existe una fórmula infalible para autohipnotizarte, vas a utilizarla para tu bienestar. Por si la has olvidado, te la vuelvo a repetir:

> *relajación + imaginación + hablarte a ti mismo = autohipnosis*

La relajación es sumamente importante, ya que cuando tu cuerpo no tiene tensión, puede aprender más rápidamente. Tu mente está lista para crear imágenes y puedes escuchar claramente tu dialogo interno. Primero debes relajarte; esto es muy simple. Puedes hacerlo mediante respiración, ésta debe ser de la siguiente forma: un tiempo para inhalar, cuatro tiempos para retener, dos tiempos de exhalación. Por ejemplo, inspira hondo, con el abdomen, a través de la nariz y contando hasta ocho. Retén ese aire durante un periodo cuatro veces más largo, o sea hasta llegar a contar treinta y dos. Exhala poco a poco por la boca, hasta contar dos veces el tiempo de inhalación, es decir hasta dieciséis. Llena tu vientre de aire, no solo los pulmones.

Ese ejercicio es para una respiración profunda, cuanto más realices, mayor tranquilidad tendrás. ¿Sabes algo? El suspiro tiene la función de aliviar la tensión del cuerpo, de ahí que los enamorados continuamente estén sin tensión. ¿Acaso no recuerdas cuando estuviste enamorado? Aseguro que tu cuerpo se relajaba constantemente. Te recomiendo suspirar constantemente para aumentar la relajación, además te sentirás estupendamente y eliminarás la angustia. No olvides respirar profundamente, ese ejercicio también es muy importante para que el cuerpo funcione adecuadamente. Después de inhalar y exhalar, nuestros músculos se relajan y el cuerpo se llena de energía. Ese tipo de respiración también te servirá para aprender, ya que provee de oxigeno a la sangre, necesario como combustible para el cerebro. Además de utilizar la respiración para la autohipnosis, siempre respira hondo, al menos, tres veces al día, ya que tu cerebro asocia la respiración profunda (o larga) con estados de tranquilidad, mientras que una respiración superficial (o corta) la relaciona con el estrés.

Ahora que has aprendido a utilizar la respiración para relajarte, voy a explicarte en qué consiste el segundo componente de la fórmula para autohipnotizarte, o sea, la imaginación. En líneas anteriores te explicaba que, sin quererlo, te has neuroinducido: cuando has soñado despierto o fantaseado sobre algo. Ahora puedes tomar el control de esas inducciones para imaginar lo que desees. Para la imaginación puedes utilizar elementos sonoros y táctiles, no solo visuales, por ejemplo, imagina que escuchas un sonido específico o que sientes una textura. Propiamente, cuando comienzas a imaginar ya estás en un trance hipnótico, por ello, para que te sea más simple lograr vencer el consciente y llegar hasta el inconsciente, te recomiendo que grabes en audio las instrucciones para imaginar y, posteriormente, hablar contigo. Primero, deberás escribir las instrucciones que te darás. Serán claras y cálidas, por ejemplo: "Estás relajado y sientes (o escuchas o ves) tu cuerpo". Además, deben ser:

- Específicas. No le des vueltas al asunto, es mejor decir "cuando salgo a la calle me siento tranquilo" a "me concentro en sentirme bien cuando salgo a la calle".
- Positivas. Evita el "no", ya que será confuso para tu cerebro. Evita decir: "No debo tener miedo", mejor elige: "Me siento, veo y escucho con gran seguridad".
- Alcanzables. Una instrucción debe evaluarse; por ejemplo, es mejor que te digas: "Solo por hoy tendré gran seguridad" a decir: "Tendré seguridad por dos años".
- Percibidas como beneficiosas. Tu subconsciente e inconsciente deben creer que son divertidas, ya que evita lo aburrido y difícil.
- Repetidas en tiempo presente. Nunca digas: "Tuve miedo, pero ahora no lo tengo". Mejor di: "Ahora tengo una gran seguridad".

Después de tener un guión, deberás grabarlo en audio, preferentemente utilizando música de fondo. En el apartado de musicoterapia escribí muchas opciones que puedes utilizar para estos fines. Más adelante, te daré ejemplos de guiones autohipnóticos para que puedas utilizarlos o crear algunos a partir de ellos. Existen dos tipos de instrucciones o mensajes, los prehipnóticos y los posthipnóticos. Los primeros te servirán para lograr el trance y los segundos instalaran el mensaje. Ambos son útiles para imaginar, pero los posthipnóticos son mejores para establecer el dialogo interno. En los mensajes prehipnóticos te hablarás a ti mismo, por ejemplo: "Estoy relajado" o "Me siento tranquilo". Éstos no necesitan estar grabados en audio, aunque para muchas personas es más sencillo hacer una grabación que los contenga, y así tener una guía desde el inicio; es elección tuya. Los posthipnóticos pueden ir acompañados por música. Debes grabarlos y reproducirlos unos veinte minutos después de haber iniciado la autohipnosis (después de la respiración y los mensajes prehipnóticos). Procura que tu voz tenga un buen volumen, evita el ritmo lento y que se escuche apresurada. Termina tu grabación con instrucciones para despertar, por ejemplo: "Vas a contar del uno al diez y cuando llegues al diez, abrirás los ojos". Esto te ayudará a regresar al aquí y al ahora.

Muchas personas tienen cierta desconfianza en los procesos hipnóticos. Aseguran que algunos estando en trance experimentan grandes dificultades para despertar, pero eso es una gran falacia. Es obvio que puedes alcanzar un estado de relajación que se asemeje al sueño profundo, por ello podrías no desear despertar en ese momento. Pero, al igual que cuando duermes plácidamente, no deseas levantarte y no te queda más remedio que hacerlo (aunque quisieras seguir durmiendo); lo mismo sucede con la hipnosis, tu cuerpo y mente te indicarán que es hora de despertar. Incluso, he realizado, de vez en cuando, un ejercicio peculiar en mis sesiones de hipnosis grupal para comprobar lo que te acabo de asegurar. Realizado todo el trance, y después de "instalar" los mensajes (o instrucciones posthipnóticas) para la salud o el aprendizaje, dejo a la persona sin instrucción o música. Algunos despiertan a los tres minutos, otros a los diez, pero todos regresan al aquí y al ahora. Lo anterior demuestra que cualquier persona despierta de una sesión de hipnosis, por eso, no te preocupes si lo harás o no.

Otra gran mentira afirma que si un individuo malintencionado colocara un mensaje para manipular la conciencia del hipnotizado, éste lo seguiría sin reparos. Este mito es clásico en la práctica de la hipnosis. He realizado en una investigación que consistió en colocar mensajes audibles (sin estar en hipnosis) a un grupo de personas; y a otro instrucciones cuando estaban en trance, a los diez minutos de escuchar música barroca (relacionada con el aprendizaje acelerado). La información que les proporcioné era que debían comprar más café durante la semana en la cafetería de la universidad, donde se realizó el ejercicio. ¿Qué resultados crees que obtuve? Si pensaste que los que escucharon conscientemente compraron más, acertaste. La razón es explicable, recuerda que nuestro cerebro aprende por imitación. Cuando les solicitaba comprar más café, esperaban que uno de sus compañeros se animara a dar el primer paso e ir a comprarlo. Solo bastó que uno de ellos fuera para que todos lo siguieran. Los que estuvieron en trance no se dieron cuenta de que estaban con un grupo, por tanto, les faltaron los estímulos sociales. Además, aunque la instrucción fue clara, ellos no deseaban tomar café; eso es el libre albedrío, que se desequilibra cuando estamos en sociedad y tendemos a imitar. Nunca podrán "instalarte" un mensaje que no se ajuste a tu sistema de creencias, por eso te he recomendado que sean instrucciones verificables (o alcanzables) y percibidas como beneficios, así tendrán el impacto necesario para que cambies tu conducta.

Como puedes darte cuenta, el proceso autohipnótico es simple si sigues las instrucciones adecuadas. Anímate a grabar varias instrucciones pre y posthipnóticas. De esta forma tendrás una audioteca que podrás utilizar en distintas ocasiones, calmando así tu ansiedad, venciendo tus temores y logrando el éxito. No necesitas tener un estudio de grabación para ello, basta con una grabadora de sonidos y música adecuada. Incluso, puedes grabar y editar con el ordenador, existen programas básicos que cumplen esa función.

Ejemplos de inducciones autohipnóticas

Te decía anteriormente que escribiría algunos ejemplos de inducciones autohipnóticas para que pudieras utilizarlos o basarte en ellas y crear nuevas. No solo te ayudarán con la ansiedad, sino con diversos aspectos de tu vida. Recuerda que la hipnosis es un excelente recurso para acceder a tus procesos inconscientes y, así, modificarlos de acuerdo a tus necesidades. Lo mejor es que estas inducciones las grabes en audio o puede leértelas otra persona, aunque podrías no sentirte cómodo; por eso, recomiendo ampliamente la primera opción. Tú decides cómo. Recuerda que puedes cambiar los aspectos que consideres necesarios: yo te propongo lugares para el ejercicio, pero tú puedes elegir otros diferentes; también, utilizo escenarios dentro del ejercicio autohipnótico, pero son una propuesta, tú decides si los cambias por otros o los utilizas tal y como los escribo.

Primero te indicaré la postura recomendada, después la instrucción prehipnótica y, por último, la posthipnótica. Utilizo tres puntos para indicarte que debes dejar un tiempo entre cada instrucción. Separo con otro renglón cuando ese tiempo es más largo e, incluso, te menciono cuántos minutos son los recomendados para continuar con lo siguiente.

Inducción de relajación para personas de modalidad visual

Siéntate cómodamente y cierra los ojos.

Respiro profundamente... lentamente... Imagino cómo el aire entra a mis pulmones y sale de ellos... Me imagino como una gran aspiradora, inhalando... También como un ventilador, exhalando... Mentalmente, veo cómo entra y sale el aire de mi cuerpo... Inhalo por mi nariz... Retengo el aire... Exhalo por mi boca... Inhalo... Retengo el aire... Exhalo por mi boca...

Sigo respirando... Disfrutando de mi respiración...

Permito que la tensión del cuerpo se vaya lejos... Veo que mis músculos se relajan... Cada vez que me imagino cómo el aire entra y sale de mí, mis músculos se relajan... Cuanto más respiro..., más relajado me veo, me escucho y me siento... Cuanto más respiro..., más relajado estoy... Me relajo... Me relajo...

Imagino cómo mi cuerpo se relaja... Desde mi cuero cabelludo hasta mis pies... Me imagino relajado... Relajo mis músculos... Relajo los músculos de mi cuello..., los músculos de mis brazos..., los músculos de mis manos..., los músculos de mi pecho..., los músculos de mi vientre..., de mi cintura..., de mis piernas..., de mis pies...

Permito que la tensión del cuerpo se vaya lejos... Veo que mis músculos se relajan... Cada vez que me imagino cómo el aire entra y sale de mí, mis músculos se relajan... Cuanto más respiro..., más relajado me veo, me escucho y me siento... Cuanto más respiro..., más relajado estoy... Me relajo... Me relajo....

Este es el momento de la inducción prehipnótica, espera dos minutos para empezar con ella.

Cuenta lentamente del diez al uno... Mientras lo haces, tendrás una gran relajación... Mientras lo haces..., mentalmente ve los números...: el diez..., el nueve..., el ocho..., el siete..., el seis..., el cinco..., el cuatro..., el tres..., el dos..., el uno...

Imagina un lugar lleno de vida..., con mucha vegetación..., muchos árboles..., muchas plantas... Lleno de vida... Observa detenidamente ... Ahora camina hacia él... Camina hacia el... Camina en él... Observa todo a tu alrededor, mientras caminas en él... Todo es hermoso... Todo se ve tranquilo... Percibe todo...

Mientras caminas..., te das cuenta de todos los recursos que tienes para estar tranquilo..., para verte tranquilo..., para controlar lo que ves... Aunque no te guste... puedes controlar lo que ves... Tu cerebro tiene el poder de controlar lo que ves... Él controla lo que ves... Hay tanto que ver..., tantas cosas bellas que ver... y esas cosas bellas son las que verás ahora... Hay mucho que ver... Hay mucha belleza que ver...

Disfruta de esa sensación de poder... Es tuya... Disfrútala...

¿Cómo te ves ahora?... ¿Cómo te visualizas teniendo el poder?... El poder es tuyo... Tu escoges qué ver y que no ver... ¿Qué imágenes te dañan y cuáles te dan el poder?... Ahora prefieres las imágenes llenas de poder..., llenas de belleza...

Dale gracias a tu cerebro por funcionar de maravilla..., por permitirte ver las cosas bellas..., por mostrarte miles de recursos para enfrentar lo que sea... Dale gracias... Es tu mejor terapeuta para el cambio...

Disfruta de esa sensación de tranquilidad..., de esa visión de poder...

Despídete de ese lugar... Eres una persona repleta de recursos..., llena de tranquilidad... Por eso puedes volver cuando quieras... Obsérvate caminando por el sendero... Comienza a escuchar los sonidos del aquí y del ahora..., las sensaciones del aquí y del ahora..., lo que verás cuando despiertes...

Comienza a mover tu cuerpo... lentamente... Escucha... Abre los ojos... Abre los ojos... y ve el mundo nuevo que tienes frente a ti..., el aquí y el ahora..., lleno de recursos...

Despierta.

Inducción de relajación para personas de modalidad auditiva

Acuéstate en una cama y cierra los ojos.

Comienzo mi respiración profunda... Inhalo por mi nariz... Retengo el aire en mis pulmones... Exhalo el aire por la boca... Inhalo... Retengo... Exhalo... Inhalo... Retengo... Exhalo...

El sonido del aire entrando por mi nariz es relajante... Lo que escucho cuando lo retengo es reconfortante... El sonido me relaja cuando el aire sale por mi boca... Inhalo... Retengo... Exhalo...

Permito que la tensión corporal se vaya alejando..., como si fuera un sonido que se va haciendo más tenue..., más tenue... Cuanto más tenue, mayor relajación... Los sonidos que escucho me relajan... Relajan mi cuerpo... Relajan mi mente...

Dejo que mis músculos se relajen... al ritmo que lo deseen... Se relaja mi cabeza..., mi cuello..., mis hombros..., mis brazos..., mis manos..., mi pecho..., mi vientre..., mi cintura..., mis piernas..., mis pies... Todos los músculos se relajan... Se suavizan... Me relajo... Me relajo...

Mientras respiro... mi cuerpo se relaja...

Este es el momento de la inducción prehipnótica, espera dos minutos para empezar con ella.

Escucha todos los sonidos a tu alrededor... Si escuchas con atención, te darás cuenta de que hay diez sonidos... Escucha el primero..., el segundo..., el tercero..., el cuarto..., el quinto..., el sexto..., el séptimo..., el octavo..., el noveno..., el décimo...

Imagina un lugar repleto de vida... con cientos de sonidos... Todos esos sonidos son armónicos..., bellos..., armónicos..., hermosos...

Escoge un sitio de ese lugar... Siéntate en ese sitio... Siéntate a disfrutar los sonidos..., los melodiosos sonidos que inundan tu mente... Escucha... Escucha... Disfruta de esa sensación..., de lo que ves..., de lo que escuchas...

Mientras estás ahí disfrutando lo que escuchas, te das cuenta de lo sencillo que es relajarse..., lo simple que es controlar tus recursos mentales..., lo fácil que es tomar las riendas de tu vida... Escucha... Disfruta...

Tienes miles de recursos mentales para evitar la ansiedad... Ahora te das cuenta de algunos... y te irás dando cuenta de más... Conforme escuchas, te darás cuenta de más... Escucha tu cerebro... Él tiene que decirte muchas cosas..., muchas maneras de tener recursos..., de ser feliz... escúchalo...

Dale gracias a tu cerebro por funcionar de maravilla..., por permitirte escuchar miles de sonidos..., por dejarte escuchar cientos de voces... con recursos para controlar tu ansiedad..., y relajarte..., y relajarte... Dale gracias... es tu mejor terapeuta para el cambio...

Disfruta esa sensación de tranquilidad..., esos sonidos..., lo que ves...

Dile adiós a ese lugar... Despídete... Levántate... Escucha los sonidos del aquí y del ahora..., las sensaciones del aquí y del ahora..., lo que verás cuando despiertes...
Mueve tu cuerpo... lentamente... Escucha... Abre los ojos... Escucha el aquí y el ahora... Abre los ojos... Muévete... Escucha... Disfruta el aquí y el ahora..., repleto de recursos mentales...

Despierta.

Inducción de relajación para personas de modalidad kinestésica

> Acuéstate en una cama cómoda y cierra los ojos.
>
> *Respiro lentamente... profundamente... Inhalo... Retengo... Exhalo...*
>
> *Inhalo... Retengo... Exhalo...*
>
> *Disfruto de mi respiración... Siento como el aire llena mis pulmones... Siento cómo mi cuerpo se va relajando mientras respiro... Relajo todos mis músculos... Me relajo desde el cuero cabelludo hasta los pies... Relajo mi cabeza..., mi cuello..., mis hombros..., mis brazos..., mis manos..., mi pecho..., mi vientre..., mi cintura..., mis piernas..., mis pies... Todos los músculos se relajan...*
>
> *Me relajo... Siento cómo mi cuerpo adquiere una temperatura adecuada... Me siento bien... La relajación se va expandiendo por todo mi cuerpo... Dejo que corra por todos mis músculos... Me relajo...*
>
> *Este es el momento de la inducción prehipnótica, espera dos minutos para empezar con ella.*
>
> *Imagina un reloj de péndulo... Observa el movimiento del péndulo... Déjate llevar por el movimiento... Cada movimiento te relaja más... Cada movimiento te relaja más y más..., y más..., y más... Imagina un lugar lleno de colores..., con la temperatura ideal..., con olores agradables..., muy agradables... Los aromas son extraordinarios... Te sientes bien ahí... Es algo que te hace sentir bien....*
>
> *Delante de ti, hay un sendero de arena... Permítete caminar descalzo sobre la arena... Siente la arena entre tus dedos... Es relajante... Camina... Siente... Disfruta...*
>
> *Mientras caminas, descubres que puedes relajarte sin esfuerzo...,*

cuando quieras..., cuando lo desees... El miedo no es obstáculo para que logres lo que deseas... Eres fuerte..., poderoso... Controlas lo que pasa en tu mente... Lo controlas... Controlas el miedo... controlas la ansiedad...

Disfruta esas sensaciones...

Toma un momento para disfrutar de tus sensaciones...

Camina de nuevo... de regreso... Despídete de ese lugar... al que puedes ir cuando lo desees... Despídete... Siente tus músculos... Siente la temperatura del aquí y del ahora... Escucha los diferentes sonidos del aquí y del ahora... Mueve tu cuerpo lentamente... Cuenta del uno al diez... Cuando llegues a diez abrirás los ojos... sin problema alguno... Abre los ojos...

Despierta.

Inducción de relajación y fortaleza mental

Éstas son instrucciones adicionales: utiliza esta inducción después de haber realizado las anteriores.

Cierro los ojos... Comienzo mi respiración profunda... Escucho todo lo que sucede a mi alrededor... Disfruto de las imágenes que surgen en mi mente... Siento todo lo que pasa en mi cuerpo... Disfruto de todo mi cuerpo relajado... Evito pensar en algo específico... Lo que pasa en mi cuerpo ahora me relaja... Evito, por ahora, lo específico... Solo disfruto cada vez más la relajación de mi cuerpo...

Este es el momento de la inducción prehipnótica, espera dos minutos para empezar con ella.

Lo que pasa en tu mente subconsciente es muy importante...Lo que pasa en ella te ayuda... Tus sueños son importantes... Te dan cientos de recursos... Te ofrecen muchas unidades de información... Gracias a tus sueños aprovechas lo que escuchas, ves y sientes...
Tu respiración fluye fácilmente... Disfrutas de estar relajado... Tu mente preconsciente escucha todas estas palabras...
Tu mente inconsciente escucha...
Examinas todo lo que pasa en tu mente...: secretos..., sentimientos..., sensaciones..., comportamientos que no sabías que tenías...
Te das cuenta de que tu mente tiene la solución a cualquier problema... Tu mente tiene una energía tan especial, que puede solucionar muchos problemas... Tu mente adquiere su propio ritmo..., un ritmo adecuado... con decenas de recursos...
Te sientes más y más relajado...

Mientras experimentas esta tranquilidad, sabes que todas tus neuronas trabajan adecuadamente... Hacen cientos de caminos nuevos...
Tu mente es especial..., con cientos de recursos...
El estado en que te encuentras te relaja... Te sientes tranquilo..., cómodo..., seguro de ti mismo... Esto es muy natural... Todos los días puedes sentirte tranquilo... Seguro de ti mismo...

Cada vez que puedas sentir temor, recordarás esta sensación de bienestar que ahora tienes... Si tienes temor en el futuro, tu seguridad en el presente te ayudará a salir adelante...Como tu cerebro está de tu parte, él te indicará cómo dejar de tener temores... Cuando aparezca un temor... aparecerá una solución... Siempre aparecerá una solución...
Siempre disfrutarás de la tranquilidad que ahora sientes, que ahora escuchas, que ahora percibes... Tu mente le dará instrucciones a tu cuerpo para alcanzar la salud total... Tu mente te ayudará a tener una vida feliz...
Disfruta de tus sensaciones... Te relajas con facilidad... Te aceptas y otros te aceptan... Nada puede detenerte, pues tu cerebro está de tu parte..., él te indica qué hacer..., cómo hacerlo...
Enfrenta tus miedos... Ellos sucumben ante tu poder mental... Es fácil que te relajes..., en cualquier momento..., en cualquier lugar..., cada vez que lo desees...
Buscas personas positivas..., que cooperan..., que son felices... Los buscas, porque son como tú... Deseas relacionarte con personas positivas... Eres una persona positiva...
Ahora has aprendido mucho de ti mismo..., comprendes muchas cosas de ti... Ahora, sabes que tienes cientos de recursos... Tú puedes ser el terapeuta que necesitas... Sabes cómo eres... cómo sanarte...
Imagínate en un sitio que te gusta mucho... Te relaja estar ahí... Te fortalece estar ahí... Es tu espacio... Te relajas...
Ese es un lugar que está en tu mente... En cualquier momento puedes acceder a él... puedes gozar de él... En cualquier momento puedes relajarte..., ser feliz... Todo lo que necesitas está dentro de ti...
Cuando necesites estar tranquilo..., relajado..., sabes que existe ese lugar... dentro de ti... Relájate... Reléjate... Puedes ir cuando lo desees...

Ahora que has comprendido más de ti mismo..., es momento de regresar al aquí y al ahora..., trayendo todos los recursos que obtuviste... Comienza a moverte lentamente... Mueve tus piernas..., tus brazos..., tus manos..., todo tu cuerpo..., todo tu cuerpo...

Cuando lo desees abre tus ojos... Regresa al aquí y al ahora... Despierta.

Inducción para fortalecer la autoconfianza

Éstas son instrucciones adicionales: utiliza esta inducción después de haber realizado las propias de las modalidades.
Me quito los zapatos, me acuesto en una cama o en una alfombra. Cierro los ojos y comienzo a inhalar profundamente... Retengo el aire... Exhalo... Inhalo... Retengo... Exhalo...
Disfruto la sensación de paz que me inunda... Mientras respiro profundamente mi cuerpo se relaja...
Este es el momento de la inducción prehipnótica, espera dos minutos para empezar con ella.
Imagínate tirado en la hierba... Es un suave y verde prado... El sol brilla... Siente la brisa que acaricia tu cuerpo... Te sientes relajado...
A tu alrededor se encuentran flores hermosas... Ellas se mueven por la suave brisa... Disfrutas del olor de las flores..., del sonido del viento..., de la luz que ilumina todo...
Levántate... Mira a tu alrededor... Observa la hermosa montaña que se ve en el horizonte... Está muy cerca..., tan cerca que puedes llegar rápidamente...
Camina hacia ella... Disfruta de todo lo que ves mientras te diriges allí..., de todo lo que escuchas..., lo que sientes... Puedes ver un arroyo que pasa a uno de tus costados... Escuchas el agua... Disfrutas de sus movimientos... El agua es limpia..., fresca... Disfrutas al ver..., escuchar..., oler... el agua del arroyo...
El arroyo viene de la montaña a la que te diriges... Camina siguiendo el arroyo... Él te muestra el camino... con su belleza, te muestra a dónde ir... Déjate llevar...
Siguiendo el arroyo, llegas a un estanque... de agua limpia... Detente un momento y estira tu mano para sentir el agua..., para tomar con tu mano un poco de ella y dirigirla a tu boca... Prueba el agua..., tiene un sabor delicioso... El agua que has tomado te inunda con su pureza... Te llena de emociones positivas..., de gran felicidad... de gran control en ti mismo...
Además de disfrutar de tomar el agua..., permítete nadar en el estanque... Disfruta la sensación del agua abrazando tu cuerpo..., llenándolo de fuerza..., pureza..., seguridad en ti mismo... Disfruta de esas sensaciones..., esas imágenes..., esos sonidos del agua...
Sal del agua... Disfruta de la sensación que te produce tu cuerpo al estar

hidratado..., al sentirse lleno de vida..., lleno de seguridad... Deja que el viento seque tu cuerpo...
Sigue caminando hacia la montaña... Escucha todos los sonidos..., los de las aves..., los de los árboles al moverse con el viento..., los de tus pasos entre las pequeñas rocas... Disfruta de esa caminata hacia la montaña...
Observa el bosque..., todos los árboles que se levantan erguidos..., fuertes..., que te demuestran su fortaleza... Mostrándote que tú también puedes ser así... Disfruta el camino...
Sigues sintiendo la brisa en tu cuerpo..., en tu cara..., en tus manos... Es una sensación extraordinaria...
Sigue caminando...
Ahora, está frente a ti las faldas de la montaña... Sube..., disfruta la sensación de ir subiendo un gigante como ella... Escucha el viento golpeando la montaña..., el ruido de las rocas golpeándose una con otra mientras caminas...Sube..., sube...
Ya estás en la cima de la montaña... Disfruta la sensación de haber alcanzado una meta..., de ser feliz..., sin preocupaciones... Disfruta de todas las imágenes, sonidos y sensaciones que te inundan...
Observa la pradera... Disfruta de sus colores... Si la comparas, es una gran alfombra de colores..., como lo es tu vida..., llena de colores..., de detalles..., de formas..., de elementos... Todos esperando que tú los descubras..., que pongas atención en ellos...
Estás sobre el gigante..., él te da la fortaleza suficiente para vivir este momento..., todos los momentos de tu vida..., la vida misma...
Fue fácil llegar a la cima... Así de simple es llegar a la conclusión de todas las cosas... Falta que te lo propongas..., que disfrutes el aprendizaje que las acompaña...
Disfruta un momento con todas tus emociones...
Despídete de la cima... Sabes que puedes llegar a ella cuando te lo propongas... Camina hacia la pradera...
Disfruta del camino... un camino que se asemeja a tu vida..., con miles de colores..., de olores..., sonidos..., sensaciones... Camina... Disfruta...
Al llegar a la paradera..., vuelve a acostarte en el mullido pasto...
Disfruta eso... Comienza a mover tu cuerpo... para regresar al aquí y al ahora..., para volver con todo lo que has aprendido al presente...
Mueve tu cuerpo... Poco a poco abre tus ojos...
Despierta.

Utiliza la autohipnosis para escuchar a tu síntoma
También puedes utilizar la autohipnosis para conocer qué desea tu síntoma y por qué aparece en tu vida. Esto es una modalidad de la silla vacía[10] de Fritz Perls, solo que directamente escucharás tus deseos más arraigados en el inconsciente. Para ello, utiliza una inducción prehipnótica, que puedes escoger de las anteriores que te propuse: dependiendo de tu modalidad de comunicación escoge la adecuada (visual, auditiva o kinestésica). Cuando logres ese primer momento, pregúntale al síntoma qué desea, además de por qué aparece en tu vida. Recuerda que puedes grabar esas preguntas o pedirle a otro que las haga por ti.

Este es un ejemplo de inducción posthipnótica para personas con preferencia visual, suponiendo que sus síntomas son palpitaciones cuando hablan frente al público. Como te podrás dar cuenta, sigo con las instrucciones para el trance. Le doy un ambiente a la visualización y una especie de "personalidad" al síntoma.

> *Imagina un punto de luz muy pequeño en el centro de tu pantalla mental... Fija tu atención en él... Obsérvalo..., míralo fijamente... Poco a poco, se va haciendo más grande..., más y más grande... Lentamente va creciendo... Crece tanto que va llenando tu pantalla mental... Crece..., crece... hasta que llena tu pantalla mental...*
>
> *Poco a poco, esa luz se va convirtiendo en colores..., colores que forman un paisaje lleno de vida... con mucha vegetación repleta de colores..., flores, hierba, árboles... muchos colores vividos...*
>
> *Siéntate sobre la hierba... Percibe su aroma..., los sonidos alrededor... Observa a tu alrededor... Sienta frente a ti a uno de tus síntomas de angustia, miedo o ansiedad... Sienta frente a ti las*

10- Una de las técnicas más conocidas de la Gestalt, que consiste en trabajar con la imaginación los problemas que una persona tiene con otros individuos o situaciones, utilizando el juego de roles.

palpitaciones que experimentas cuando hablas frente al público... Ponle forma de humano... Esas palpitaciones tienen forma de humano... Están enfrente de ti...
Sé que estás molesto con ese síntoma... No te ha dejado ser feliz... Ahora es el momento que te enfrentes a él... Él tiene algo que decirte... Escucha..., ve..., siente... lo que tiene que decirte y mostrarte...
Pregúntale... ¿Qué deseas?... ¿Por qué apareces en mi vida?... Obsérvalo... Escúchalo... Siente... ¿Qué te dice?... ¿Qué trata de decirte?... ¿Por qué aparece en tu vida?... Tómate un tiempo para escucharlo, verlo y sentirlo...

¿Qué te ha dicho?... ¿Qué aprendes de él?... ¿Cómo puedes controlarlo?... Sé que te ha dado mucha información... Tanta información que la traerás contigo al presente..., al aquí y al ahora, para enfrentarte a los demás síntomas... Despídete del síntoma... Dile que se mantenga alejado de ti... Agradécele haber cuidado de ti... Pero hazle ver que ahora tienes muchos recursos... muchos recursos para cuidar de ti mismo... Despídete... Dile adiós... Levántate... Camina por ese paisaje... Disfruta de él... Mientras lo haces... comienza a mover tu cuerpo..., a recordar dónde estás en el aquí y en el ahora... Comienza lentamente a abrir tus ojos... Disfruta esa sensación de calma..., de esas imágenes y esos sonidos que te acompañan...

Despierta...
Reflexiona sobre lo que aprendiste...

Como te he ido mencionando desde hace algunas líneas, este es un ejemplo de inducción. Tú puedes crear una de acuerdo a un síntoma específico, con los elementos que consideres útiles y con las imágenes que desees. Ahora te expondré el ejemplo de una inducción posthipnótica para personas auditivas, con falta de concentración como síntoma.

> Escucha a tu alrededor... Hay un sonido en especial..., un sonido diferente... Tal vez lo has escuchado anteriormente o tal vez no... Escúchalo... Identifícalo... Tomate tu tiempo para escucharlo..., disfrutarlo...
>
> Sigue escuchando... Poco a poco estás más relajado... Te sientes bien... Muchas imágenes pueden desfilar por tu mente...
>
> Imagina un lugar repleto de vida..., de sonidos... Un lugar amplio..., con sonidos agradables..., donde te sientes bien..., relajado... Disfrutas al estar ahí...
>
> Vas a traer delante de ti a uno de los síntomas que te generan ansiedad, miedo o angustia... Trae frente a ti a la falta de concentración... Imagina que es una persona... Habla como persona... Se ve como persona... Se mueve como persona... El síntoma te quiere decir algo... Esa falta de concentración que experimentas en algunas ocasiones te quiere decir algo... Escúchalo...
>
> ¿Qué desea de ti?... ¿Por qué aparece en tu vida?... Escúchalo... ¿Qué desea de ti?... ¿Por qué aparece en tu vida?... Escúchalo... Todo lo que te ha dicho es necesario que lo analices en el aquí y el ahora... Despídete de él... Agradécele que te haya cuidado... Pero dile que ahora tú sabes qué hacer... Tú te dirás qué hacer... Despídete... Dile adiós...
>
> Comienza a moverte... Disfruta... Escucha los sonidos del aquí y el ahora... disfrútalos antes de despertar...
>
> Abre los ojos lentamente... Mueve tu cuerpo... Despierta...
>
> Reflexiona sobre lo que escuchaste...

Podría asegurarte que ese problema de concentración es debido a la falta de atención que siente tu Yo, y que desea ser escuchado, por lo que llena tanto tu mente con voces que no deja espacio para nada más. Es como si fueras a un mercado atestado de personas y quisieras escuchar a todos. Llegará un momento en que no puedes entender nada de lo que intentan decirte. Si tienes una preferencia kinestésica y deseas hablar con el síntoma, si se presentara como tensión muscular, te recomiendo realizar esta inducción posthipnótica.

> *Imagina que estás en una mecedora, disfrutando de su vaivén... Siente cómo se mueve... Disfruta su vaivén... hacia delante..., hacia atrás... Cuenta del diez al uno... y cuanto más te acerques al uno, más relajado te sentirás... Mientras vienes, cuenta diez...; cuando vas, cuenta nueve...; vienes, ocho...; vas, siete...; seis...; cinco...; cuatro...; tres...; dos...; uno...*
> *Imagínate sentado en un lugar lleno de vida..., con miles de colores... Sentado sobre hierba..., hierba tan fina que es mullida... Es suave... Siente cómo tu cuerpo está disfrutando esa sensación...*
>
> *Frente a ti, está tu tensión muscular con la forma de una persona... Habla con ella... Pregúntale: ¿Qué busca?... ¿Por qué hace eso con tu cuerpo?... Escucha lo que dice... Observa... siente... Toma un tiempo para hacerle caso...*
>
> *Lo que el síntoma te ha dicho debes analizarlo en el aquí y el ahora... Despídete de él... Agradécele que te haya cuidado... Pero dile que ahora tú sabes qué hacer... Despídete... Dile adiós...*
>
> *Comienza a moverte... Disfruta el movimiento de tu cuerpo... Muévete lentamente... Abre los ojos lentamente... y regresa al aquí y al ahora...*
>
> *Abre los ojos lentamente... Mueve tu cuerpo... Despierta...*
>
> *Reflexiona sobre lo que aprendiste...*

Como puedes darte cuenta, los síntomas tienen algo que decirte, hacerte sentir o mostrarte. Por eso, es necesario que cuestiones continuamente su proceder y actuar, así establecerás un diálogo con ellos y los convertirás en tus aliados. Además, con esto te acercarás cada vez más a ti mismo, a ese "darte cuenta" que propone la terapia Gestalt.

El uso de la autohipnosis en el sueño

Cuando dormimos, llegamos a un estado muy semejante al experimentado en la hipnosis, con la diferencia de que no hay alguien que nos guíe. Pero, podemos utilizar el sueño para instalar diversas instrucciones que nos ayuden a disminuir la ansiedad y hacer frente a nuestros temores. Se han identificado cinco fases registradas en el sueño, las cuales debes conocer para saber en qué momento instalar los mensajes que desees. Estas fases son:
- Fase I. Sueño ligero, donde percibimos la mayoría de estímulos que están pasando en nuestro alrededor, escuchamos y sentimos lo externo, además de imaginar. En esta fase el cerebro combina las frecuencias alfa con *theta*.
- Fase II. Bloqueo de los estímulos sensoriales por el tálamo. Aquí nuestro sistema nervioso bloquea todas las vías de acceso, desconectándonos del aquí y el ahora, en este momento es donde propiamente comenzamos a dormir. Las frecuencias cerebrales son *theta*, aunque aparecen algunas ondas delta.
- Fase III. Mayor profundidad del sueño; sigue el bloqueo. Esta fase ayuda a que nuestro cuerpo descanse, por lo que existe muy poco movimiento muscular. La actividad cerebral es delta, con presencia de ondas *theta*.
- Fase IV. Profundidad del sueño. Las frecuencias cerebrales son delta, nuestro cuerpo se restaura física y psíquicamente.

Los sueños de esta fase son imágenes, luces, figuras; pero no se estructuran como una historia, solo son elementos aislados.
- Fase MOR (movimiento ocular rápido). En ésta, tienen lugar los sueños con una narración o historia. La frecuencia cerebral es *theta* y con poca actividad beta. No hay movimiento muscular y los ojos se mueven rápidamente en distintas direcciones. El tiempo aproximado para llegar a esta fase es de hora y media después de dormirnos.

Como puedes darte cuenta, las fases IV y MOR son las implicadas en el proceso de ensoñación. En ellas deberás instalar los mensajes para controlar tu miedo y ansiedad. Sigmund Freud descubrió que en esas fases cualquier estímulo sensorial puede ser integrado al sueño. Esto lo has experimentado constantemente: a veces, cuando estás profundamente dormido (fase MOR), soñando que estás en tu casa y tu teléfono comienza a sonar en la realidad, dentro del sueño crees que es el timbre de tu casa el que suena. También, puedes relacionar una voz que intenta despertarte con la de alguna persona que conversa contigo dentro de tu sueño. Esta característica del sueño es muy útil para que, por medio de instrucciones, influyas en tu cerebro para disminuir tus temores y controlar la ansiedad. Debes grabar mensajes en audio y reproducirlos una hora y media después de que te duermas, valiéndote de una persona que inicie la reproducción o programando tu reproductor de música para que se encienda en el tiempo marcado. Grábalos con voz normal, evita el tono "mágico": "*Vaaaaaas a dooooomiiiiinaaaarrr tuuuuu aaaansieeedaaaad...*"; no extiendas las vocales o consonantes. Hazlo de manera natural: "Vas a dominar tu ansiedad"; con buen volumen en tu emisión vocal. Cuando reproduzcas el audio, coloca el volumen bajo, ajústalo sin graves, y solo con agudos. Ten en cuenta que los sonidos graves son poco recomendados para la ansiedad, ya

que aumentan la tensión nerviosa. Elige mejor los agudos, que están relacionados con la relajación. Estos son algunos mensajes que puedes grabar:
- Me relajo con gran facilidad.
- Mantengo la calma en cualquier momento.
- Encuentro soluciones fácilmente.
- No permito que el miedo me controle.
- Soy seguro de mi mismo.
- Estoy seguro de lo que hago.
- Enfrento mis miedos.
- Soy valiente.
- Soy único.
- Soy especial.
- Soy seguro de mi mismo.
- Soy feliz.
- Nunca dudo.
- Puedo decidir fácilmente.
- Soy valiente.
- Nada me detiene.
- Tengo mucho poder.
- Dentro de mí vive una persona capaz de todo.
- Me acepto.
- Otros me aceptan.
- Soy interesante para otros.
- Yo soy positivo.
- Yo soy capaz.
- Yo puedo hacerlo todo.
- Yo pienso positivamente.
- Yo actúo positivamente.
- Soy positivo.
- Logro hacer lo que me propongo.
- Puedo pensar positivamente.

- Puedo actuar positivamente.
- La crítica me ayuda.
- La crítica es parte de la vida.
- La crítica es el primer paso para el éxito.
- La crítica es una herramienta para mi éxito.
- Estoy en paz.
- Tengo calma.
- Es fácil relajarme.
- Controlo mis miedos.
- Mi mente está en calma.
- La paz viene a mí.

Escucha tres o cuatro de ellas a diario, mientras duermes. Las anteriores son solo sugerencias, tú puedes realizar las que consideres adecuadas para tu estilo de vida y el control de tus temores.

La autohipnosis y el uso de las metáforas

Una metáfora es una narración corta, donde el oyente o lector da un significado de acuerdo a su propia experiencia. Las metáforas son excelentes recursos psicológicos, ya que la mente encuentra en ellas una comparación con las cosas que le suceden, provocando el cambio consciente e inconsciente. Cuando se llega al proceso hipnótico, es muy recomendable usar una metáfora, ya que así la persona podrá ir generando sus propias herramientas a partir del mensaje instalado en el inconsciente. Hace tiempo, a una paciente que se hallaba temerosa de iniciar una nueva relación sentimental, ya que sus hijos no aceptaban a su pareja, le instalé mediante hipnosis una metáfora: le dije que la vida era como un juego de ajedrez, donde se debían mover las piezas correctas en el momento correcto. Cuando despertó, su motivación era evidente; días después había mejorado incluso en su trabajo, manifestaba mayor vitalidad y seguridad, se inscribió en un curso para aprender informática y tenía una mejor comunicación con sus hijos. La hija mayor, quien tenía contacto conmigo, me preguntó cómo lo hiciste. La respuesta fue simple: "Solo usé una metáfora". El uso de esos cuentos cortos con un significado ambiguo te dará muy buenos resultados en la autohipnosis, graba algunos de ellos y escúchalos cuando estés en trance. Éstas son algunas metáforas de la tradición Zen que puedes utilizar.

El destino

Durante una trascendental batalla, un general decidió atacar, aunque su ejército era mucho menor que el enemigo. Confiaba en que ganaría, pero sus hombres tenían mucho miedo; entonces, los llevó a un santuario, donde rezaron por unos instantes. Al salir, el general sacó una moneda de su talega y dijo: "Es tiempo de que Dios nos muestre nuestro destino. Tiraré la moneda: si cae cara, ganaremos; si es cruz, moriremos". Mientras lanzaba la moneda, gritó: "Destino, revélate". Al caer la moneda, los soldados descubrieron con agrado que era cara. En el campo de batalla pelearon tan vigorosamente que los enemigos huyeron a los pocos minutos de haber iniciado, por lo que la victoria fue inminente. Ya en el campamento, un teniente se acercó sonriente al general diciéndole: "Nadie puede cambiar el destino"; a lo que él le contestó: "Nadie, solo una moneda de dos caras".

Vacía tu taza

Un aprendiz muy destacado llegó frente a su nuevo maestro Zen, quien estaba preparando su té. El maestro le preguntó: "¿Qué sabes sobre la vida?". El aprendiz empezó a darle docenas de definiciones, de posturas filosóficas, a nombrar libros y nombres de sabios que habían hablado de ello. Mientras hacía esto, el maestro Zen había comenzado a llenar su taza con el líquido recién preparado. Lo hacía como el aprendiz, sin parar, y en poco tiempo ya la había llenado, por lo que se empezó a desbordar. El aprendiz, viendo esto horrorizado, le preguntó: "¿Qué hace, si ya está llena su taza? El maestro Zen contestó: "Tú eres como esta taza. ¿Cómo puedo colocar más té en mi taza si ya está llena? Primero, vacía lo que sabes y, después, regresa para aprender".

Ya pasará

Un estudiante llegó con su maestro y le dijo: "¡Mi meditación es horrible! Me distraigo fácilmente, mis piernas me duelen, me quedo dormido rápidamente...". Su maestro lo interrumpió diciendo: "Ya pasará". El estudiante se fue. Regresó una semana después, con más ánimo, y le dijo a su maestro: "¡Me siento tan bien! La meditación es extraordinaria: mi conciencia se ha expandido. Estoy en paz; simplemente, es tan maravilloso...". A lo que su maestro volvió a interrumpir diciendo: "Ya pasará".

Tú no eres yo

Un día, un maestro Zen caminaba con un amigo a la orilla de un río. El maestro dijo: "Mira los peces como nadan, simplemente están disfrutando". "Pero tú no eres un pez, entonces, no puedes estar seguro de que los peces estén disfrutando", respondió el amigo. Entonces, el maestro dijo calmadamente: "Tú no eres yo, ¿cómo sabes que yo no estoy seguro de que los peces estén disfrutando".

La mente es la que se mueve

Dos hombres estaban parados, frente a una bandera que ondulaba con gracilidad al ritmo del viento. "Es el viento el que se mueve", dijo el primero. "No. Estás equivocado, es la bandera la que se mueve", respondió el segundo. Entonces un maestro Zen, que había escuchado la discusión, detuvo de su caminar y les dijo: "Ni el viento, ni la bandera se mueven; es su mente la que se está moviendo".

Manejo Específico de Fobias

El que tiene miedo de la pobreza no es digno de ser rico.
Voltaire.

Una fobia puede definirse como un miedo irracional e intenso hacia situaciones u objetos. Cuando una persona se paraliza frente a una araña, se afirma que tiene aracnofobia, o si evita los edificios de muchos pisos por temor a la altura, se dice que posee una acrofobia. Aunque a lo largo de este libro te he dado muchos ejercicios para controlar tu ansiedad, tu temor y tus miedos; he incluido en esta sección las fobias más comunes y sus soluciones específicas. Aquí, te explicaré en qué consisten y qué pasos debes seguir para mejorar rápidamente tu situación. Comenzaré por explicarte el porqué de la aparición de esos temores irracionales. Estos son algunos puntos que pudieron influir a una persona para generar una o varias fobias:
- Inseguridad o ambivalencia de emociones por parte de los padres.
- Sobreprotección por parte de los padres.
- Falta de expresión de sentimientos por parte de sus padres.
- Percepción del mundo errónea (por lo general, fue considerado peligroso por sus padres).
- Temor a tener alguna relación interpersonal.
- Falta de concepto de competencia.
- Problemas en la infancia para adaptarse socialmente.

- Preocupaciones excesivas de parte de sus padres.
- Problemas de sus padres para generar metas de futuro.
- Uso de pensamiento mágico por parte de sus padres.

Como puedes darte cuenta, el origen de tus miedos y temores es producto de una percepción errónea de la realidad por parte de figuras de autoridad, en algún momento de tu vida. En muchos casos, son los padres quienes generan una fobia en sus hijos, obviamente sin desearlo. Al desear protegerte de los posibles peligros, muy probablemente, tus padres crearon cientos de temores en ti, por lo que ahora has desarrollado varios, mucho más complejos que los primeros. No deseo que busques culpables, solo que tomes la responsabilidad que te corresponde y hagas uso de las estrategias que has aprendido en este manual, con el fin de mejorar tu presente y construir tu futuro. Para entender el proceso de las fobias e interrumpirlo y poder controlarlas, debes conocer los mecanismos que las han generado. Entre ellos se encuentran:

- Acontecimientos traumáticos que asociaste con alguna de tus experiencias o conductas. ¿Alguna vez se han reído los demás de algo que has dicho o hecho? Si esto ha ocurrido mientras dirigías un discurso hacia una audiencia, probablemente hayas asociado ese sentimiento de ser despreciado por otros con el hablar frente al público, y ahora tengas temor de exponer tus ideas en ese mismo contexto.
- El aprendizaje por imitación, mediante la observación de alguna conducta de temor, ansiedad o angustia. Como nuestro cerebro ingresa información mediante asociación, pudiste ver, escuchar o sentir en algún momento que una persona tenía miedo a las arañas y, entonces, generaste ese temor por ellas.
- Información incorrecta de diversas experiencias. La mayoría de las personas que tienen miedo a volar suponen que

todos los aviones experimentan fallos, pero eso es incorrecto. Debido a su falta de datos, tienen temor de viajar en ese transporte.
- Inadecuada interacción social o problemas en el desarrollo de habilidades sociales. Si tuviste problemas para relacionarte con otros, probablemente hayas supuesto que siempre te sería difícil relacionarte con otras personas.
- Padres que desearon controlar tu comportamiento. Existen algunos progenitores que, en su afán de proteger a sus hijos de las posibles amenazas, tienden a tener un estricto control del proceder de los hijos, generándoles con ello varios temores.

Entre otros tantos motivos. La buena noticia es que las causas anteriores no son impedimento para que logres alcanzar el control de las fobias. Como ya te diste cuenta en el libro, puedes cambiar tu pasado, crear nuevos escenarios, aumentar la seguridad en ti mismo y utilizar varios recursos para sentirte bien. Los rituales y las ideas obsesivas también forman parte del mecanismo de las fobias. En tu niñez era común que las tuvieras, por ejemplo, evitar pisar las líneas marcadas en el suelo o colocarte el zapato derecho y después el izquierdo. Pero, si has conservado éstos rituales más allá de los ocho años, puede representar un problema. Romper con esas reglas, incluso con elementos diferentes, puede marcar una gran diferencia. Si te levantas por el lado derecho de la cama todos los días, colócala junto a la pared de tal forma que solo por la izquierda tengas el espacio suficiente para incorporarte cada nuevo día. Los rituales forman parte del pensamiento mágico de las personas, para romperlos debes racionalizar el objetivo de ellos. Si observas con detenimiento, una persona con alguna fobia, angustia o temor, tiene algún ritual o idea obsesiva. Aunque ya te indiqué ejercicios que puedes emplear en tus temores, en este capítulo te mostraré de manera breve y concisa los pasos a seguir para controlar las fobias más comunes, con la finalidad de que puedas encontrar soluciones rápidamente cuando aparezcan algunos miedos.

Agorafobia o miedo a los espacios públicos

Son muchas las personas que presentan temor por permanecer en áreas públicas o espacios abiertos. Problemas para permanecer en una fila de espera, viajar en un medio de transporte público o incomodidad en un espectáculo donde haya cientos o miles de asistentes; son algunas de sus consecuencias. Muchos agorafóbicos evitan los espacios abiertos o lugares con excesivo tráfico de personas, debido al temor de no poder huir si sucediera algún accidente inesperado; también, lo hacen porque asociaron una emoción con algún lugar fuera de casa, como en el caso de Andrés, quien relata lo siguiente:

En una ocasión, tuve un infarto en la calle. Después de ese día, quedé muy asustado. Ahora, cada vez que me alejo mucho de mi casa, siento taquicardia y el miedo aumenta; pues, siento que otra vez tendré un infarto. Esas sensaciones solo las tengo cuando me alejo mucho de mi casa. Si estoy en ella, tengo una sensación bastante placentera, me siento seguro. Quisiera hacer mi vida como antes, salir sin preocupaciones, ya que no puedo evitar ese miedo cuando me alejo.

Esta persona asoció lo que le sucedió en aquella ocasión con los espacios abiertos, por lo que ahora le parecen peligrosos. En su casa no le ha pasado algo tan traumático, entonces, su cerebro deduce que ese lugar representa seguridad. No solo ese tipo de situaciones hacen que una persona adquiera agorafobia, existen decenas de razones por las que se puede sentir amenazada. Estas son algunas:

- Haber sufrido algún accidente o ver uno.
- Visualización de algún asalto en vía pública, ser asaltado o ver en la televisión este suceso.
- Muerte de alguna persona con la que paseaba constantemente.
- Muerte de algún familiar que le representaba seguridad.

Podría escribir cientos de razones, pero todas tienen en común algo: un acontecimiento desafortunado ha sido asociado con un peligro en un espacio abierto o con mucha gente. Lo primero que debes hacer, si tienes ese padecimiento, es realizar una disociación entre el suceso y los lugares públicos. Esto lo lograrás si controlas lo que ves, escuchas, sientes, hueles y degustas. Primero, cuestiónate por qué tienes miedo: ¿es por lo que ves?, ¿por lo que escuchas?, ¿por lo que sientes?, ¿por lo que hueles?, ¿por lo que degustas?

Si te da miedo lo que ves, utiliza cualquier técnica de control visual. Por ejemplo, si tienes una imagen donde has sufrido un accidente de tráfico lejos de tu casa, modifícala. Si te ves a ti mismo en la imagen, sal de ella, como si dieras un paso fuera de la pantalla. Ahora, eres un espectador y, como tal, cambia el tamaño de la imagen, hazla pequeña, que no puedas distinguir los detalles en ella. Si tuviera movimiento, detenla, adelanta o atrasa esa película. Cámbiala por otra imagen, donde tú estés a salvo, con el control de la situación.

Si lo que escuchas te causa temor, coloca música que te agrade en tu mente, a un volumen más elevado, de tal forma que no permita a las voces o sonidos anteriores ser escuchados. Si son voces las que escuchas, modifica el orden de las frases, suponiendo que dijeran: "Es peligroso salir de casa, sufrirás un accidente"; ahora dirán: "Casa peligroso un sufrirás de salir accidente es".

Si sientes que los latidos de tu corazón se incrementan, imagina que es un tambor que puedes controlar. Haz que los golpes de los palillos se hagan más lentos. Incluso, podrías colocarte una armadura flexible imaginaria, así saldrías protegido a enfrentarte ante el mundo (las metáforas también son un excelente recurso de cambio psicológico). La autohipnosis también te será muy útil. Realiza una grabación con instrucciones para salir de tu casa, controlando la situación. Puedes utilizar como referencia la inducción para fortalecer la autoconfianza, cambiando el escenario de la montaña por las calles de una población o ciudad.

Claustrofobia o miedo a los espacios cerrados

En la claustrofobia, la persona teme quedarse encerrada para siempre, asfixiarse o tener un accidente en un espacio pequeño. Por eso, el que la padece evita coger aviones, metros o ascensores. La oscuridad en algunos lugares, usar ropa ajustada o zapatos a la medida también pueden causar este tipo de fobia. Aunque no lo parezca, este miedo irracional es muy común, y la constante embestida de información sensacionalista en los medios de comunicación, entre otras causas, la está fomentando. Muchas personas con este problema aseguran haber escuchado una noticia relacionando un espacio cerrado con algún accidente. En la práctica profesional, varios pacientes me han relatado que su padecimiento empezó cuando conocieron las características y consecuencias de la catalepsia. En este último trastorno, las personas yacen inmóviles, aparentemente muertas, ya que carecen de signos vitales. Horas después, adquieren el movimiento normal, pero despiertan, en muy raras ocasiones, adentro de un ataúd, enterradas vivas. La catalepsia es un padecimiento que se presenta en contadas ocasiones: si tienes miedo de ser cataléptico y enterrado vivo, no deberías. En la actualidad, es una enfermedad que se ha investigado bastante. Existen muchas pruebas que se realizan antes de determinar que alguien está clínicamente muerto –generalmente, se utilizan dos: el electrocardiograma y electroencefalograma–, por lo que ninguna persona ha sido enterrada viva desde hace décadas. Además, por disposición de las autoridades de muchos países, no se permite enterrar a alguien inmediatamente después de morir, por lo que disminuyen aún más las posibilidades de ser sepultado vivo. Para esta fobia recomiendo la relajación por medio de la respiración profunda, como la indicada en la sección de autohipnosis, es decir, inhalar, contener la respiración y exhalar, por lo menos en diez repeticiones. Además, puedes realizar ejercicios de control visual, auditivo y kinestésico, para controlar tus imágenes, sonidos y sensaciones. Por ejemplo, puedes cambiar el entorno físico que te produce malestar, por uno amplio y seguro en tu mente: si imaginas un lugar sin iluminación, puedes colocar mucha luz; si escuchas eco, puedes eliminarlo o si estás en un lugar estrecho, puedes ampliarlo. Todo lo puedes hacer en tu mente, al fin y al cabo, ahí se genera tu claustrofobia.

Acrofobia o miedo a las alturas

La persona con esta fobia tiene miedo a caerse desde cierta altura, por eso evita terrazas, escaleras, ascensores, edificios altos, puentes, aviones, escalar montañas, etc. La mente del fóbico elabora una película mental donde él cae al vacío, con imágenes, sonidos y sensaciones, por lo que el control de estos elementos será clave para dominar su miedo. Como otras fobias, se puede adquirir por haber vivido una experiencia desagradable en un lugar con altura considerable, e incluso por haber recibido información de la experiencia de otro que ha pasado por esa situación. La respiración profunda antes de visitar un lugar de varios metros de altura, o cuando aparezca la ansiedad, es un excelente recurso para controlar el miedo. También, se puede modificar el pasado en la mente de la persona –si es que vivió una experiencia traumática que relaciona con la altura– mediante el ejercicio para controlar el pasado, presente y futuro, propuesto con anterioridad. Puedes colocar en el pasado la experiencia que te afecta, recuerda utilizar tu mano derecha para "agarrarla". Ahora, cámbiale sus características: si es una imagen a color, que sea en blanco y negro; si los sonidos no te agradan, modifica su tonalidad; o si sientes caer en el vacío, ahora cae encima de miles de almohadas de plumas de ganso.

Aracnofobia o miedo a las arañas

Esta fobia es muy común, por ello son muchas las personas que la experimentan. A algunas de ellas les aterra hasta ver una fotografía o una película en la que aparezcan arañas. Los pacientes que la padecen evitan los sitios donde podrían existir arañas o donde han visto telarañas; y si vieran una araña a lo lejos no podrán seguir adelante, por el pánico que le produce. Como otras fobias, la asociación es un elemento poderoso en la mente de las personas que experimentan el temor a las arañas: en algún momento de su vida establecieron una relación entre ese insecto y el peligro. La racionalización es una técnica para superar este problema. Son pocas las especies de arañas que son dañinas para el hombre, y de las que podrían causarle algún perjuicio, serían necesarios varios mililitros de veneno –que no tienen– para que lo mataran. En animales pequeños, la toxina de las arañas es mortal, pero no para el humano. Si sufres este padecimiento, ten en cuenta que esos insectos se alimentan de seres de su tamaño o menores, por eso están dotados de tóxicos con muy pocas concentraciones. Si tuvieras miedo de que varias arañas te atacaran, estás en un error, puesto que son animales solitarios, que no viven en grupos como otras especies. Como puedes darte cuenta, una araña no representa mucho peligro para ti. Si fueras un insecto, entonces sí deberías preocuparte.

Estudios han determinado que cuando se eleva la producción de cortisol[11] en el cuerpo se intensifica la aracnofobia (entre otras fobias). Por eso, debes evitar el estrés, ya que éste aumenta los niveles de esa hormona, debido a que la hipófisis incrementa su liberación. Para relajarte, te recomiendo la respiración profunda y practicar la autohipnosis a diario. Por lo general, las personas visuales y kinestésicas son las personas que tienen este tipo de fobias. Haz lo siguiente para superarla:

1- Trae a tu mente la imagen o sensación de una araña. Represéntala con exactitud, con todos los detalles visuales y sensoriales que le correspondan.

2- Cambia las características de las imágenes o sensaciones. Si es una araña negra, con miles de pelos en sus patas, cámbiala por una araña blanca, sin pelo (recién depilada). El humor también tiene cabida aquí, por eso puedes imaginarte a esa araña intentando tapar su cuerpo, como si estuviera desnuda; o una que haya sido recién "rapada" por otro animal. Si sientes que estás tocando la araña con tu mano, cámbiala por una hecha de peluche, que puedas hasta aplastar; si la convirtieses en una de plástico blando, como un juguete infantil con sonido, aplástala y haz que haga el ruido característico, imagina la cara del pobre insecto cuando lo aplastes.

3- También puedes cambiarla de tamaño, hazla tan pequeña que no se pueda ver ni coger con los dedos.

En las fobias, todo pasa en tu mente antes de que ocurra en la realidad. Por eso, debes controlar la experiencia en tu mente, para poder realizar cualquier actividad sin miedo alguno. Muchas terapias conductuales "sensibilizan" al paciente acercándolo poco a poco al estímulo que le da temor. Cuando utilizas el con-

---

11- Hormona producida por la corteza suprarrenal que aumentar la producción de glucógeno en el hígado.

trol de lo que ves, escuchas, sientes, hueles y degustas, empleas una técnica más poderosa; ya que cambias tus procesos mentales desde su origen y no solo las conductas observadas. Como ya te diste cuenta, todo comienza en tu mente, por lo tanto, es ella la que debes cambiar.

Fobia social o trastorno de ansiedad social

Un miedo que aparece normalmente en la adolescencia es el conocido como fobia social o trastorno de ansiedad social. Son muchos lo casos que se registran al año, por lo que no se debe considerar como raro. Si una persona tiene un miedo intenso a hacer el ridículo, ser humillado por otro o avergonzado en alguna situación social, podemos determinar que tiene esta fobia. El individuo que la posee tiene estos temores específicos:
- A expresarse frente al público.
- A enfrentarse con superiores.
- A la desaprobación de los demás cuando expresa sentimientos.
- A realizar peticiones.
- A hacer y recibir cumplidos.
- A iniciar una interacción con el sexo opuesto.
- A la expresión pública de los sentimientos de otros.
- A la impresión causada en los demás.

Estos temores producen que la persona evite pertenecer a un grupo social e ingrese a trabajar en una empresa, debido a la sensación de inseguridad y a las suposiciones que lo llevan a pensar que los demás hablan de él a "sus espaldas". En este tipo de ansiedad se observa lo que te he mencionado con anterioridad, el deseo de ser aceptado por otro. Responde con toda honestidad a esta pregunta: ¿todos te aceptarán siempre y en todo momento? Si has contestado que si, estás equivocado. Los demás no tienen por qué aceptarte si no eres tú el primero que se acepta. ¿Qué características de tu personalidad no aceptas? ¿Te gusta tu cuerpo? ¿Odias tu cuerpo? Si no te aceptas a ti mismo otros no lo harán tampoco. Cuando buscas que los demás acepten lo que a ti no te agrada, generas angustia, pues nunca estarás conforme; aunque te alaben, siempre supondrás que lo que te dicen es fingido. Entonces, la primera acción que debes iniciar es conocerte a ti mismo. Después, como algo inminente, te aceptarás, ya que conocerás todas tus habilidades, intereses y valores.

Lo contenido en este libro será de suma importancia para que comiences a aprender de ti, pero debes seguir investigando sobre tus características personales y descubriéndote a diario. No olvides preguntarles a todos tus *Yo* qué desean de ti: haz que se equilibren entre ellos, y utilízalos para que sean tus consejeros. Con esto, aprenderás mucho de tus posturas como Padre, Niño y Adulto, además de lo que te dice tu pasado y futuro para disfrutar el presente. Estas son las recomendaciones para controlar la fobia social:
- Detener tu dialogo interno.
- Realizar ejercicios de control de lo que escuchas, ves, sientes, degustas y hueles.

Cuando aparezca tu soliloquio repitiendo tus temores sociales, detenlos moviendo tus ojos desde la posición donde se encuentren hacia el centro. Después, coloca tu mirada a la derecha, arriba. Te imaginas teniendo el control de tus recursos, que todos te ven con aprecio y admiración. Mueve los ojos hacia la izquierda, también arriba. Ahora, escucha sus voces dándote cientos de halagos; mientras tus ojos están en medio a la derecha, muévelos a la izquierda. Siente el control que tienes de la conversación frente a un grupo; mientras tus ojos están a la derecha, abajo, muévelos a la izquierda. Con esto lograrás crear una realidad psicológica alternativa, además de controlar el dialogo mental.

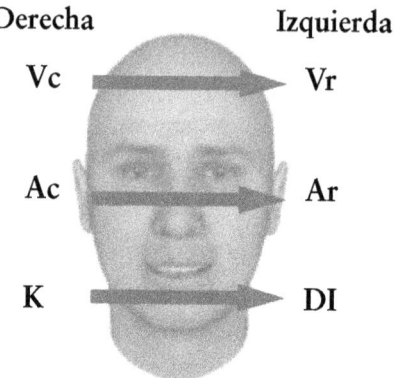

Dependiendo de tu modalidad de comunicación preferida, elabora ejercicios para controlar lo que escuchas, ves, sientes, degustas y hueles, podrías hacer lo que se describe a continuación.

Visual

Tienes que defender tu postura frente a tu jefe, por lo que el miedo aparece cuando imaginas que este superior se da media vuelta y te deja con la palabra en la boca. Toma esa imagen y cámbiale sus características: si es en color, cámbiala a blanco y negro; o si tiene movimiento, detenla. Modifica el tamaño, hazla más pequeña, tanto que no puedas verla. También, puedes colocar una imagen donde tú domines la situación en el lado derecho, y la que tienes de tu jefe en el izquierdo. Cambia el tamaño de la primera, hazla más brillante y colócala encima de la otra.

Auditiva

Escucha las voces que se repiten constantemente en tu mente. Escoge una y modifica el volumen, que sea tan bajo que no la escuches con facilidad. Cambia la velocidad, haciéndola más rápida o más lenta. Si escucharas a tu jefe reprimiéndote, cambia ese sermón por una felicitación.

Kinestésica
Obtén una sensación de esa experiencia. Si percibes "un nudo en la garganta", cambia su cualidad: como si fuera plastilina, moldéala hasta deshacerla entre tus manos.

Amaxofobia o miedo a conducir un vehículo

La persona con este problema experimenta un miedo intenso cuando intenta conducir un vehículo. El miedo surge por las ideas obsesivas sobre el tráfico y la amenaza de otros conductores, y muchas veces, la persona con amaxofobia supone que no es competente para conducir un vehículo. El término amaxofobia se aplica al miedo a conducir todo tipo de vehículo, aunque son los automóviles los más temidos, por la simple razón de que hay más conductores de éstos que de otro tipo. Este temor afecta a cientos de personas, para ejemplificarlo, transcribo el caso de Luis:

Desde hace doce años sufro fobia a la conducción. Para mi es un problema "gordo" porque debo conducir en mi trabajo. Por esa fobia estuve cinco años en una oficina, para no conducir, haciendo un trabajo que no me gustaba. Llegó el momento en el que me incapacitaron, ya que me diagnosticaron trastorno de ansiedad. Siento una ansiedad anticipatoria, especialmente cuando tengo que conducir para ir a trabajar. Una vez que me pongo a conducir siento menos la ansiedad, pero ya voy cargado de angustia, por haber estado pensando en ello todo el tiempo antes de irme. Me preocupa tener un accidente, pero he llegado a la conclusión de que "el qué dirán" me preocupa más. Aunque he estado en terapia psicoanalítica no me ha funcionado.

Algo que se repite en la mayoría de fobias son los pensamientos repetitivos: eso es lo que debes frenar para iniciar el control del temor, la ansiedad o la angustia. Utiliza los recursos de tus hemisferios para controlar esa situación, si es que la experimentas. También, coloca imágenes, sonidos y sensaciones de seguridad al conducir en tu mente, en el lado derecho, situando tus ojos hacia ese sitio, sin olvidar las posiciones visuales, auditivas o kinestésicas. Si repites tres veces una afirmación como podría ser "tengo la habilidad suficiente para conducir un automóvil" y la cambias hacia tu lado derecho (arriba, en medio y abajo), crearás un nuevo circuito y nuevas creencias. Recuerda lo que te propuse anteriormente en el libro. Aquí está de nuevo la figura de los movimientos oculares.

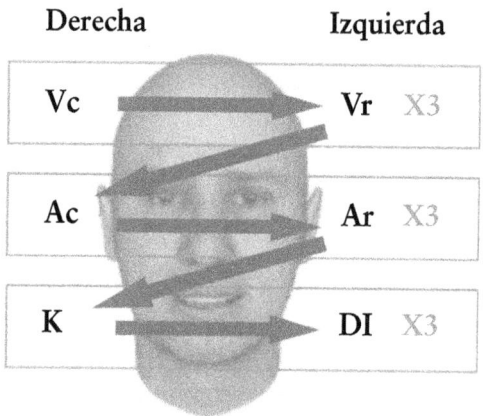

Esa fue la recomendación que le hice a Luis, además de que escuchara la música propuesta en el apartado de musicoterapia. Él después me escribió:

Lo que me recomendaste me está dando muy buenos resultados, prácticamente desde el primer día. Te diré que conduzco más tranquilo y que mis reacciones son más relajadas...

Cuando controles tus preocupaciones excesivas, entonces tendrás dominada tu ansiedad, así como la angustia o el temor. Si conoces tus procesos mentales, podrás utilizarlos para tu beneficio.

Breve Despedida desde el Aquí y el Ahora

Puedo cocinar para usted, pero no puedo comer por usted.
Hari Dass

Ahora tienes cientos de recursos mentales para comenzar una nueva vida, alejado de tus temores, controlando tu angustia y tu ansiedad. Todo comienza en tu mente y se extiende hasta tu realidad individual y social, por eso hice mucho énfasis en controlar lo que pasa dentro de ti, enseñándote variados ejercicios para lograrlo. Es tiempo de que reestructures tu vida, cuestiones lo que has aprendido y te construyas nuevas creencias para vivir feliz y sin preocupaciones. Deja atrás lo pasado y comienza desde hoy a vivir en tu presente, sin la culpabilidad que podría aparecer como resultado de tus creencias más arraigadas. Esta es una historia que utilizo en terapia y que ejemplifica perfectamente el no desear abandonar el pasado para ser feliz.

Una joven esposa se enfermó. A punto de morir, llamó a su esposo y le dijo: "Te quiero mucho. No quiero dejarte. Cuando yo muera no estés con otra mujer, ya que si lo haces, volveré como un fantasma y no te dejaré en paz". La esposa murió. El marido respetó su último deseo durante los tres primeros meses, pero luego conoció a otra mujer y se enamoró de ella. Cuando se comprometieron para casarse, un fantasma se le presentó todas las noches, acusándolo de incumplir su promesa. Éste le repetía exactamente qué es lo que había ocurrido entre él y su prometida: cada vez que él le regalaba algo, el fantasma lo describía con lujo de deta-

lles. Incluso, podía reproducir conversaciones, y perturbaba de tal modo al hombre que éste ya no podía dormir. Un amigo le aconsejó que acudiera con un sabio que vivía cerca de su pueblo. El hombre, desesperado, acudió. Cuando le dijo lo que le pasaba, el sabio le contestó: "Tu esposa se convirtió en un fantasma, y sabe todo lo que haces o dices y todo lo que le das a tu amada. Debe ser un fantasma muy astuto. En realidad, deberías admirarla. La próxima vez que se te aparezca, proponle un trato. Dile que ella sabe tanto que no puedes ocultarle nada, y que si responde a una pregunta tú romperás tu compromiso y permanecerás soltero". "¿Qué pregunta debo hacerle?", preguntó el hombre. "Toma un puñado grande de semillas de girasol y pregúntale exactamente cuántas semillas tienes en la mano. Si no te puede responder, te darás cuenta de que no es más que un producto de tu imaginación y ya no te molestará más". Al otro día, por la noche, el fantasma apareció. Le reprochó que hubiera ido a ver al sabio y le volvió a recordar que ella lo sabía todo. Él le contestó: "Puesto que sabes tanto, dime ¿cuántas semillas tengo en esta mano? El fantasma ya no estaba para responderle la pregunta.

Este cuento Zen retrata lo que muchas personas viven a diario. Cuando nos concentramos en disfrutar una vida diferente, el pasado hace aparición y nos detiene con miles de voces, imágenes, sensaciones, olores y sabores, impidiendo nuestra felicidad. Pero esos fantasmas son propios de tu mente y tú decides si continúan atormentándote o los despides definitivamente. En este libro te he propuesto variados ejercicios para que domines a los fantasmas que amenazan con destruir tu presente y tu futuro, los que desean paralizar tu aquí y ahora. Es tuya la decisión de mantenerlos vigentes o dejarlos que se vayan para siempre de tu experiencia vital. Con todo lo que has aprendido, ahora puedes construir la vida que siempre has deseado y lograr un cambio permanente en ti, conseguir, de esa forma, disfrutar de lo que te rodea e influir en las demás personas. No le preguntes a tus fantasmas si están de acuerdo con lo que haces o decides, mejor utiliza tus recursos mentales; así siempre tendrás éxito, ya que dominarás las sensaciones, imágenes, sonidos, olores y sabores que te pueden aquejar, usándolos para tu beneficio. Deja de tenerle miedo al futuro, pues todavía no sucede, mejor concéntrate en el aquí y el ahora, en él se encuentran tus recursos mentales, tu vida misma. Olvida hacer planes, ensayos y esfuerzos para que tu futuro sea seguro; eso evita que vivas el presente, robándote energía y atención. Mejor disfruta este día y las experiencias propias de él. Ya Fritz Perls lo mencionó:

La ansiedad no es sino la tensión que parte del ahora para ir hacia el después... Por ejemplo, si yo preguntara: "¿Quién desea venir a trabajar aquí?", usted probablemente comenzaría de inmediato a preguntarse: "¿Qué es lo que haré allí?", etc. Por supuesto, el miedo lo invadiría, ya que estaría abandonando la realidad segura del ahora y estaría a punto de dar un salto hacia el futuro.

¿Qué pasaría si dominaras todos tus recursos mentales? Probablemente no te daría miedo dar el paso hacia el futuro, pues tendrías el coraje suficiente para ser tú mismo y crear miles de experiencias para disfrutar de tu aquí y de tu ahora. En cambio, si no lo haces, siempre vivirás suponiendo, preguntándote ¿qué hubiera pasado si...? En este libro te he acercado a tu esencia, a los elementos que te conforman como persona para crear un nuevo futuro, partiendo de tu presente. Tu pasado ya se fue, solo quedan los recuerdos de él. De ti depende si lo dejas ir o lo sigues reviviendo constantemente en tu presente. Aunque es una tarea absurda hacerlo, probablemente pienses que es lo único que tienes. Pero estás dejando a un lado todo el potencial de tu presente y de tu futuro.

Si me preguntas sobre mi pasado, te diré que nunca existió como tal, pues lo he construido de manera diferente para ser feliz en el aquí y el ahora. Tal como lo mencionara Richard Bandler: "Si no te gusta tu pasado, constrúyete otro nuevo". Tú también puedes hacerlo: si tu pasado no te gusta, crea uno que sí te guste. A fin de cuentas, es tu mente la que sigue repitiendo el suceso, por eso, puedes cambiarlo cuando lo desees. Si usas los movimientos oculares para reconstruir tu pasado, te aseguro que todo cambiará. Muchos podrían asegurar que es una experiencia neurótica. Tal vez, pero te dará más recursos mentales sin que sufras por lo que pasaste, viviendo un presente feliz y construyendo un futuro ideal. Prueba con las estrategias mentales que se "acomoden" a tu experiencia. Realiza los ejercicios visuales, auditivos y kinestésicos para comprobar cuál es el indicado para controlar tus temores o angustia. Prueba y vuelve a probar. Como cuando compras ropa y te la pruebas hasta tener la talla correcta. Comprueba qué modalidades y submodalidades te dan el control de lo que ves, escuchas, sientes, hueles y degustas.

Aunque la ansiedad o la angustia son procesos que nos preparan para enfrentar un peligro, su aparición constante causa problemas en la vida de todos (quienes lo sufren y las personas que se encuentran a su alrededor). El temor independiente o que resulta de ellos, aunque no lo parezca, nos ayuda en variadas ocasiones, por ejemplo, para:
- Poner atención en elementos peligrosos.
- Analizar los elementos que pueden ser peligrosos.
- Prestarle atención a las intuiciones.
- Permanecer seguro ante eventos peligrosos.

Por eso, es necesario controlar tu temor, ya que no será posible eliminarlo por completo de tu vida, debido a la importante función que cumple. La información siempre será importante para estar preparado ante cualquier situación. Debes investigar todo acerca de las circunstancias que te producen temor, así estarás preparado para enfrentarte a ellas sin ansiedad. Si tienes el control de la situación, será difícil que te controle el temor. Evita los soliloquios, como te recomendé anteriormente, ya que la persona con problemas de ansiedad es extremadamente racional, tiene "exceso de pensamiento", como aseguran muchos investigadores. Por eso, es obvio que sus pensamientos sean muy repetitivos. Por lo general, una persona con ansiedad, temor o angustia se preocupará excesivamente por sus relaciones interpersonales y de que los demás lo consideren competente, además de buscar obsesivamente la aceptación de los demás. Esas preocupaciones lo obligarán a refugiarse en sus pensamientos, creando un círculo vicioso. Por eso, este libro hizo énfasis en la creación de nuevas estrategias mentales, que influirán favorablemente en tu habilidad social y a disminuir, así, varios síntomas provocados por ese tópico.

Las catástrofes también generan pensamientos recurrentes en las personas ansiosas, temerosas o con angustia. Por eso, elabora un plan de contingencia, es decir: ¿qué harías si ocurriera un desastre?, ¿cómo lo afrontarías? Para ello, debes tener información fresca sobre las distintas calamidades que podrían ocurrir. Prevé. Así evitarás angustiarte. Para finalizar y para que reflexiones sobre lo aprendido, te incluyo una historia[12] del maestro de la tradición Sufí, Idries Shah:

> *Un arroyo, después de pasar desde su lugar de origen, en las remotas montañas, por toda clase de campos, llegó al fin hasta las arenas del desierto. Al igual que había cruzado uno y otro obstáculo, el arroyo trató de cruzar este último, pero descubrió que tan pronto corría por la arena, sus aguas desaparecían. Sin embargo, estaba convencido de que su destino era cruzar ese desierto, solo que no había forma de hacerlo. Entonces, una recóndita voz que*

12- Incluida en el libro *Teorías de la personalidad* de James Fadiman.

venía del desierto, murmuró: *"El viento cruza el desierto, el arroyo también lo puede hacer".*

El arroyo objetó que al lanzarse contra la arena solo conseguía ser absorbido: "El viento vuela, y por eso puede cruzar el desierto".

"Arrojándote de la forma acostumbrada no puedes lograrlo. Desaparecerás o te convertirás en un pantano. Debes hacer que el viento te cargue y te lleve a tu destino" –contestó la voz.

"Pero, ¿cómo puede hacerse esto?" –preguntó el arroyo.

"Dejándote absorber por el viento" –respondió la voz.

El arroyo no podía aceptar esta idea. Después de todo, nunca había sido absorbido. No quería perder su individualidad y, después de haberla perdido, ¿cómo sabía que podía volver a recuperarla?

"El viento – dijo la arena – *cumple esta función. Levanta el agua, la lleva por el desierto y después la deja caer. Al caer en forma de lluvia, el agua vuelve a convertirse en río".*

"¿Cómo puedo saber que eso es cierto?" –preguntó el arroyo.

"Es así y, si no lo crees, no te puedes convertir más que en un lodazal y, aun eso, tomaría muchos, pero muchos años y, ciertamente, no es igual que un arroyo".

"Pero, ¿podré seguir siendo el mismo arroyo que soy ahora?".

"No puedes, de ninguna manera, quedarte así –insistió el murmullo–. *Tu parte esencial es transportada y el arroyo se forma otra vez. Incluso, te llamas así hoy, porque no sabes cuál de tus partes es la esencial".*

Cuando oyó esto empezaron a surgir algunos ecos en el pensamiento del arroyo. Vagamente recordó un estado en el que él –¿o era una parte de él?– había sido sostenido en los brazos del viento. También, recordó –¿o no?– que esta era la *"cosa"* real, no necesariamente la *"cosa"* obvia, que debía hacer. Así, el arroyo levantó su vapor a los amables brazos del viento, que lo alzó *gentilmente y se lo llevó, dejándolo caer suavemente tan pronto llegaban a la cima de una montaña, a muchísimos kilómetros de distancia. En virtud de haber tenido sus dudas, el arroyo pudo recordar y guardar con más vigor en su mente los detalles de la experiencia. Reflexionó así: "Sí. Ahora conozco mi verdadera identidad". El arroyo estaba aprendiendo.*

Pero las arenas murmuraron: "Nosotras lo sabemos porque lo vemos a diario, y porque nosotras, las arenas, nos extendemos desde la orilla del río hasta las montañas".

Por eso, se dice que la forma en que el arroyo de la vida debe continuar su viaje, está escrita en las arenas.

Referencias Bibliográficas

- Campbell, D. *El efecto Mozart, experimenta el poder transformador de la música.* Ed. Urano: España, 1998; 317 pp.
- Erickson, M. *Hypnotic realities.* Ed. Irvington Publishers, Inc: Estados Unidos, 1976; 234 pp.
- Fadiman, J. y Frager, R. *Teorías de la personalidad.* Ed. Harla: México, 1979; 526 pp.
- Frankl, V. *El hombre en busca de sentido.* Ed. Herder: España, 1993; 132 pp.
- Furer, P., Walker, J. y Stein, M. *Treating health anxiety and fear of death.* Ed. Springer Science: Estados Unidos, 2007; 263 pp.
- Hoffman, P. *Herbolaria y nutrición natural.* Ed. Pax: México, 2005; 190 pp.
- Hollander, E. *Anxiety disorders.* Ed. American Psychiatric Publishing, Inc.: Estados Unidos, 2003; 252 pp.
- Hollander, E. y Simeon, D. *Concise guide to anxiety disorders.* Ed. American Psychiatric Publishing, Inc.: Estados Unidos, 2003; 273 pp.
- Kotulak, R. *El cerebro por dentro, revolucionarios descubrimientos sobre el funcionamiento de nuestra mente.* Ed. Diana: México, 2003; 213 pp.
- Medina, A. *El consultorio naturista.* Ed. Posada: México, 1989; 255 pp.
- Moller, E. *Los alimentos milagrosos.* Ed. Posada: México, 1980; 88 pp.

- Montes, A. *Jugoterapia*. Ed. Editores mexicanos unidos: México, 2004; 91 pp.
- Navarro, J. *Cura natural de las enfermedades, tratamientos de un naturópata al alcance de todos*. Ed. Posada: 1983; 226 pp.
- Navarro, J. *Manual del naturista*. Ed. Posada: México, 1980; 90 pp.
- Orsillo, S. y Roemer, L. *Acceptance and mindfulness-based approaches to anxiety*. Ed. Springer Science: Estados Unidos, 2005; 379 pp.
- Pagel, J. *The limits of dream, a scientific exploration of the mind/brain interface*. Ed. Elsevier: Estados Unidos, 2008; 234 pp.
- Rius. *Comer bien tiene su chiste*. Ed. Punto de lectura: México, 2006; 150 pp.
- Sáinz, A. *Cómo cura la musicoterapia*. Ed. RBA Libros: España, 2003; 204 pp.
- Stewart, S. y Conrod, P. *Anxiety and Substance Use Disorders: The Vicious Cycle of Comorbidity*. Ed. Springer Science: Estados Unidos, 2008; 280 pp.
- Teffel, M. *La respuesta está en el naturismo*. Ed. Posada: México, 1991; 224 pp.
- Zvolensky, M. y Smits, J. *Anxiety in health behaviors and physical illness*. Ed. Springer Science: Estados Unidos, 2008; 383 pp.
- Arroyo, M. "Sonoterapia", en *Revista universitaria de formación del profesorado*. N° 42. España, Diciembre 2001; pp. 33-48.
- Carrió, M., Botella, C. y Ballester, R. "La eficacia del entrenamiento en respiración lenta y de la terapia cognitiva focal en un caso de trastorno por angustia con agorafobia", en *Anales de psicología*. 12 (1), 1996, 1-17.
- García, E. "Musicoterapia y enriquecimiento personal", en *Revista universitaria de formación del profesorado*. N° 4. España, 1989; pp. 91-108.

- Iruarrizaga, I, Gómez-Segura, J. Criado, T., Zuazo, M. y Sastre, E. "Reducción de la ansiedad a través del entrenamiento en habilidades sociales" en *Revista electrónica de motivación y emoción*. Vol. 2. N°1. Universidad Complutense de Madrid. Disponible en: *http://reme.uji.es/articulos/airuai462031198/texto.html*.
- Lugaresi, E., Provini, F. y Montagna, P. "The neuroanatomy of sleep: Considerations on the role of the thalamus in sleep and proposal for a caudorostral organization", en *European Journal of Anatomy*. Vol. 8. N° 2, 2004; pp. 85-94. ISSN 1136-4890.
- Nuevo, R., Cabrera, I., Márquez-González, M. y Montorio, I. "Comparación de dos procedimientos de inducción colectiva de ansiedad", en *Anales de psicología*. Vol. 24. N° 1 (junio). España: Universidad Autónoma de Madrid, 2008; 106-114.
- Valdés, J y Torrealba, F. "La corteza prefrontal medial controla el alerta conductual y vegetativo. Implicancias en desórdenes de la conducta", en *Revista chilena de neuro-psiquiatría*. Versión online, septiembre 2006. SN 0717-9227.

Instrucciones para utilizar el CD incluido en este libro

En este libro aprendiste sobre las ondas cerebrales y su importancia para optimizar tu actividad cerebral. Ahora sabes que cuando se estimulan adecuadamente, puedes mejorar muchos aspectos de tu vida. Como parte de las estrategias propuestas para controlar la ansiedad, el temor y la angustia, te recomiendo escuchar el CD que se incluye en este manual. El audio contiene frecuencias especiales para inducir a tu cerebro a la relajación y reducir tu angustia, ansiedad o temores. Este material se sirve de la neuroinducción auditiva para generar un estado óptimo en tus recursos mentales. En el CD, escucharás elementos de la naturaleza, como el agua y el canto de los pájaros, además de diversos sonidos. Éstos son útiles para estimular tu actividad cerebral, especialmente el ritmo de tu mente. Puede ser utilizado cuando realizas los ejercicios propuestos en el libro o practicas la autohipnosis. También, puedes escucharlo al realizar alguna actividad cotidiana. Solamente evita hacerlo mientras conduces un vehículo o manejas maquinaria de precisión que pudiera causarte un daño. El CD estimula tu cerebro para generar un estado semejante al trance hipnótico, por eso debes observar estas últimas recomendaciones.

El CD está dividido en cinco pistas, de diez minutos de duración cada una, que puedes escuchar en su totalidad o escoger las adecuadas para una situación específica. Contienen los hercios de las frecuencias alfa, delta y *theta*, para relajarte adecuadamente, reducir tu angustia y controlar tus temores. Puedes escuchar las pistas con audífonos o sin ellos, a un volumen adecuado (que

escuches sin molestia alguna). El audio no tiene ningún efecto secundario y pueden escucharlo niños desde seis años hasta adultos en plenitud. Las características de cada pista son las siguientes:
- Pista uno. Seguridad en si mismo. Audio que aumenta la autoconfianza, mejora los estados de ánimo y disminuye los temores. Puede ser escuchado mientras se realizan los ejercicios sugeridos en el libro.
- Pista dos. Relajación intermedia. Se recomienda su uso mientras se llevan a cabo los ejercicios propuestos en el libro o en cualquier momento del día.
- Pista tres. Relajación profunda. Audio especialmente diseñado para relajarse completamente. Por la sensación placentera que produce, probablemente cause somnolencia.
- Pista cuatro. Control de la ansiedad. Audio con sonidos adecuados para disminuir los síntomas de la ansiedad, recomendado para los momentos de extrema inquietud.
- Pista cinco. Control del pánico. Recomendada cuando el pánico intenta apoderarse de tu vida, los sonidos te relajarán y lograrán que tu mente se tranquilice, enfocando tu atención en el aquí y en el ahora.

Aunque cada pista tiene características especiales, si desearas escucharlas todas, se pueden combinar entre sí, por ejemplo, en un día puedes escuchar la uno, tres y cinco; al siguiente día, la dos y la cuatro. También, podrías escuchar las pistas tres, cuatro y cinco mientras realizas la autohipnosis. Puedes establecer el orden que desees o seguir las instrucciones marcadas para cada pista. Este es un CD de apoyo, por lo que no sustituye cualquier tratamiento médico o psiquiátrico. Cualquier duda planteada sobre el uso del CD puedes enviarla a mi correo electrónico *antonio@canongo.com*, donde te responderé lo más pronto posible.

Ediciones Corona Borealis

CAMBIA TU VIDA EN 30 DIAS CON LA LEY DE ATRACCIÓN
Olivia Reyes Mendoza

ECOLOGIA MENTAL
Jorge Lomar

EL AGUA DE LAS EMOCIONES
José Luís Fuentes

EDUCAR EN LA LEY DE ATRACCIÓN
L.D. Baena

EL MEJOR TRABAJO DEL MUNDO
David Topí

REGLAS DE ORO DE LA ABUNDANCIA
Selene Jade Agina

EL LEGADO
Rafael Romero Chico

LOS PODERES DE LA MENTE
Rafael Alemañ

LOS PADRES QUE LLORAN EN LA ALMOHADA
Helen Flix

LEY DE ATRACCIÓN EN LA PAREJA
Olivia Reyes Mendoza

SANADORES, MENSAJEROS DE LA CONCIENCIA
Luisa Alba González

EL CARCELERO
Víctor Vilar

DIARIO TERAPÉUTICO DE UN EXTRATERRESTRE
Rafael Romero Rico

EL ARTE DE METER LA PATA
Ángeles Rubio

ADIÓS A LOS MIEDOS
Helen Flix

LA SOLEDAD POSITIVA
Onésimo Pérez Álvarez

LO QUE ES, ES: CARTAS PARA ESCRIBIR UNA VIDA
Germán González y Ana María Liñares

PUEDES CONOCER TODOS LOS LIBROS
DE CORONA BOREALIS EN:
www.coronaborealis.es
www.edicionescoronaborealis.blogspot.com

www.ingramcontent.com/pod-product-compliance
Lightning Source LLC
Chambersburg PA
CBHW051058160426
43193CB00010B/1231